TAROT
BY NUMBERS

TAROT BY NUMBERS
처음 시작하는
타로 수비학

1판 1쇄 인쇄 2023년 5월 18일
1판 1쇄 발행 2023년 5월 30일

지은이   리즈 딘
옮긴이   윤태이
펴낸이   김기옥

실용본부장   박재성
편집 실용1팀   박인애
마케터   서지운
판매 전략   김선주
지원   고광현, 김형식, 임민진

디자인   푸른나무 디자인(주)
인쇄·제본   민언프린텍

펴낸곳   한스미디어(한즈미디어(주))
주소   121-839 서울시 마포구 양화로 11길 13(서교동, 강원빌딩 5층)
전화   02-707-0337
팩스   02-707-0198
홈페이지   www.hansmedia.com
출판신고번호   제 313-2003-227호
신고일자   2003년 6월 25일

ISBN   979-11-6007-921-0 13180

책값은 뒤표지에 있습니다.
잘못 만들어진 책은 구입하신 서점에서 교환해 드립니다.

TAROT BY NUMBERS

처음 시작하는
타로 수비학

카드의 의미를
해석하는
숫자 코드

✹ 리즈 딘 지음 | 윤태이 옮김 ✹

hansmedia

차례

여는 장:
타로의 숫자에는 무엇이 담겼을까?
6

)

1
숫자로 보는
메이저 아르카나 카드
17

2
숫자로 보는
마이너 아르카나 카드
45

3
타이밍 테크닉과 직감
85

4
타로 스프레드에서의
숫자 테크닉
107

5
탄생 카드와
타로스코프
141

✦

여는 장:
타로의 숫자에는 무엇이 담겼을까?

타로카드에 쓰여있는 숫자는 리딩이 나아가는 길을 찾는 데에 있어 필수적인 도구일 뿐만 아니라 카드에 그려진 모든 그림과 마찬가지로 상징적인 잠재력을 지닌다. 따라서 이 숫자들은 단순한 수의 표기가 아닌 상징으로서, 우리가 계시를 얻는 영혼의 장소인 상상과 직감의 세계로 우리를 이끈다.

《처음 시작하는 타로 수비학》은 초보자부터 타로 마니아까지 그 누구에게나 앞에 놓인 카드의 의미를 찾아낼 수 있는 가장 쉬운 방법을 알려준다. 독자는 이 책을 통해 숫자의 상징적 의미를 발견하고, 이렇게 얻은 지식을 카드의 해석에 적용하여 통찰력 있고 유익한 리딩을 할 수 있게 될 것이다.

이 책을 통해 할 수 있는 일:

- ✷ 카드에 쓰인 숫자의 상징적 의미 이해하기
- ✷ 질문에 알맞은 특정 숫자의 카드를 사용하는 스프레드 선택하기
- ✷ 각 카드 그룹 사이의 수비학數秘學적 연관 관계 알아보기
- ✷ 타이밍 스프레드와 테크닉에 대해 배우고 직감을 바탕으로 한 시기 예측하기
- ✷ 나의 타로 탄생 카드를 알아보고 내 타로스코프 연도 카드 보기

덱 안에는 무엇이 있을까?

전통적인 타로 덱은 78장의 카드로 구성된다. 이 가운데 22장의 카드를 메이저 아르카나(혹은 트럼프나 키)라고 하며, 나머지 56장은 마이너 아르카나라고 한다. 여기에서 '아르카나arcana'는 '비밀'을 뜻하는 단어이다.

메이저 아르카나는 삶의 변화와 크나큰 영향을 불러올 결정 및 경험에 대해 알려주고, 마이너 아르카나는 삶의 일상적인 문제를 다룬다. 마이너 아르카나는 컵, 소드, 펜타클, 완드라고 하는 네 개의 슈트로 나뉜다. 각 슈트는 에이스부터 10까지의 핍카드(숫자카드)와 페이지, 나이트, 퀸, 킹의 코트카드(궁정카드) 등 총 14장으로 이루어진다. 몇몇 덱에서는 슈트의 명칭이 다르거나 일부 카드가 추가된 경우도 있으나, 대부분의 덱은 전통적인 체계를 따르고 있다.

78의 해석

78이라는 숫자 그 자체에도 의미가 있을 수 있다. 7은 잠재력을 의미하는 숫자이고, 8은 변화, 보상, 갱신을 의미한다(11쪽 참조). 긍정적인 변화를 향해 나아갈 수 있는 나의 잠재력을 깨닫도록 해주는 타로의 힘과 뜻을 같이한다. 그리고 숫자를 이용해 의미를 알아간다는, 이 책에서의 접근 방식과도 같다.

이 책의 일러스트는 RWS 덱이라고도 불리는 라이더 웨이트 스미스 덱을 따르고 있다. 1909년 영국에서 처음 발행된 RWS 덱은 20세기의 가장 중요한 타로 덱으로 여겨지며, 이후로 발행된 타로 대부분이 RWS 덱의 형식을 따라 만들어졌다. RWS라는 명칭은 발행사인 라이더와 창작자인 A.E. 웨이트, 삽화가인 파멜라 콜먼 스미스의 이름을 딴 것이다. 파멜라 콜먼 스미스와 A.E. 웨이트는 오컬트의 지혜와 영성 계발을 위한 비밀 조직인 황금여명회Golden Dawn의 일원이었다. RWS 덱은 타로를 이용하는 많은 사람들 사이에서 널리 쓰이는 그림 언어이기도 하다.

기묘한 계산

P.R.S. 폴리 교수라는 필명으로 활동했던 시릴 피어슨 경(1866~1921)은

1915년 발간된 저서 《카드로 보는 점술Fortune Telling by Cards》에서

"기묘한 계산"이라 이름 붙인 놀이용 카드의 계산법을 제시했다.

카드와 슈트 심벌의 개수를 더하고, 각 코트카드에 10의 숫자 값을 부여하면

한 해를 이루는 일수인 365가 나온다는 것이다.

타로에도 비슷한 방식을 적용해 볼 수 있으며,

초보자라면 이를 통해 덱의 구조를 기억하는 데 도움을 얻을 수 있다.

메이저 아르카나 카드에 쓰인 숫자의 합:

0 + 1 + 2 + 3 + ... 21번 카드까지 반복

메이저 아르카나의 숫자 총합:

231

마이너 아르카나 카드의 수:

56

덱에 포함된 카드의 수:

78

총합:

365

타로 스프레드를 위한 카드 고르기

카드 섞기까지 마쳤다면 이제 카드를 리딩하기 위해 스프레드할 준비가 되었다. 이 단계에는 세 가지 기본적인 방법이 있다.

* ❋ 카드 앞면이 아래를 향하도록 덱을 잡는다. 전통적으로 "운명의 손"이라 여기는 왼손으로 필요한 카드를 한 장씩 꺼낸다. 적은 수의 카드를 쓰는 리딩에 특히 적합한 방법이다.

* ❋ 카드 앞면이 아래를 향하도록 두고 부채꼴로 펼친 뒤에 왼손으로 카드를 고른다.

* ❋ 덱을 두 번 나눠서 세 더미로 쌓아둔다. 그 가운데 하나를 고른 뒤에 나머지 두 더미를 그 아래에 두고 맨 위에서부터 카드를 꺼낸다.

다른 사람을 위한 리딩인 경우, 카드를 세 더미로 쌓는 방법을 택하고 내담자가 그중 하나를 고르게 한다. 온라인 리딩이라면 내담자에게 세 더미의 카드가 눈앞에 있다고 상상해 보라 말하고, 내담자를 기준으로 왼쪽, 가운데, 오른쪽 중에 하나를 고르도록 한다.

스프레드와 시그니피케이터

원하는 스프레드의 순서에 따라 카드를 배치한다. 보통은 카드 앞면이 아래를 향하도록 두며, 시그니피케이터(지표자)를 활용하는 스프레드인 경우만이 예외이다. 시그니피케이터 카드는 나 자신, 혹은 내담자를 상징한다. 카드를 섞은 뒤에 시그니피케이터를 고르고, 카드 앞면이 위를 향하도록 둔다. 시그니피케이터 카드는 리딩의 전체적인 주제를 나타낼 수도 있다.

카드 앞면이 아래를 향하게 둔 카드를 뒤집을 때는 옆으로 뒤집는다. 만약 위에서 아래로 뒤집으면 정방향으로 읽어야 할 카드를 역방향으로 읽거나, 역방향으로 읽어야 할 카드를 정방향으로 읽게 된다. 카드는 방향이 뒤집히면 그 의미가 달라지니 유의해야 한다.

역방향

덱의 모든 카드는 정방향에서의 의미와 역방향에서의 의미를 가진다. 역방향 카드는 위아래가 거꾸로 뒤집힌 카드이며, 몇몇 예외적인 경우를 제외하고는 불길하거나 부정적인 의미를 보여준다. 카드를 섞는 동안에 방향이 뒤바뀌기 때문에 모든 카드가 정방향인 상태로 시작하더라도 몇몇 카드가 무작위로 방향이 바뀌게 된다. 요즘에는 많은 타로이스트들이 리딩에서 역방향의 요소를 쓰지 않고 있으며, 스프레드에 역방향 카드가 나타나면 그냥 정방향으로 뒤집어 두기도 한다. 타로를 충분히 연구한 사람이라면 정방향과 역방향의 의미를 모두 리딩에 활용하여 가장 적절한 해석을 직감적으로 해낼 수 있기 때문이다.

1

숫자로 보는
메이저 아르카나 카드

22장의 메이저 아르카나 카드는 삶과 죽음, 부활의 여정을 보여준다.
0번 카드의 주인공을 따라 바보의 여정이라고 부르거나,
영웅의 여정이라고도 하는 이 여정의 단계는
각 카드에 적힌 숫자를 통해 알아볼 수 있다.

영웅의 여정과 바보

영웅의 여정은 누구에게나 친숙한 원형적인 이야기 구조를 가지고 있다. 모험을 떠난 젊은 영웅이 초자연적인 광야에 떨어진다. 찾고자 하는 보물의 위치를 알아내지만, 괴물이 보물을 지키고 있다. 영웅은 괴물을 물리치기 위해 어둠의 장소로 들어가 보물을 얻기 위한 싸움을 벌여야만 한다. 이 고난을 통해 영웅은 자신의 진정한 모습이나 자아를 발견하게 된다. 이 경험으로 완전한 변화를 겪은 영웅은 새로이 얻어낸 지혜와 힘을 가지고 본래의 세계로 돌아간다. 이는 매우 간략화한 구조이기는 하지만 이와 같은 서사와 여기에서 조금씩 변형된 서사를 미노타우로스를 물리친 테세우스부터 다스 베이더와 대적하는 루크 스카이워커까지 우리가 아는 많은 전설이나 동화, 이야기의 핵심에서 찾아볼 수 있다.

영웅의 여정은 이제 막 성년에 접어들어 모험을 감수하려 하는 젊은이인 타로 속 바보가 떠나는 여정이다. 그 길에서 그는 자신의 진정한 영적 자아를 실현하고 자신의 운명을 깨우치기 위해서 외부의 세계뿐만 아니라 내면의 괴물과도 맞서야 한다. 마침내 영혼의 교훈을 얻게 되면 새로이 태어나 본래의 세계로 돌아가게 된다. 바보 카드의 숫자인 0은 우주의 잠재력을 품은 알이다. 0은 또한 21번 세계 카드의 갸름한 화환과 같은 모양이다. 이러한 면에서 바보의 0은 영혼의 영원성과 일치하는 끝없는 순환을 의미한다.

융 심리학에서 바보 또는 영웅의 여정은 개인화Individuation를 향해 나아가는 영혼의 여정이다. 개인화는 자기인식을 높여가는 과정이다. 우리는 자기인식을 높임으로써 의식적 자아와 무의식적 자아 사이의 팽팽한 긴장감을 인식하고 치유해 낼 수 있다. 이를 통해 나의 모든 부분들이 하나로 통합되어 전체성의 경험을 얻는다. 이러한 통합은 여성과 남성이 하나의 인물로 합쳐져서 기쁨에 찬 세계의 영혼을 나타내는 21번 세계 카드에서 볼 수 있다. 이러한 면에서 자아실현이라고도 하는 개인화는 개인의 이상적인 성장인 것이다. 성장은 3번 여황제 카드의 숫자 3(세계 카드의 숫자 21의 두 자리를 더한 합, 37쪽 참조)으로 상징된다. 많은 이들이 자기인식을 높이는 데 도움을 주는 심리적 도구로 타로를 사용하고 있다.

메이저 아르카나가 단계적으로 보여주는 이야기는 바보의 이야기에 그치는 것이 아니라 우리 자신의 이야기이기도 하다. 타로 리딩 과정에서 우리는 나아갈 길을 찾는 바보가 된다. 우리는 인간성과 경험의 원형이나 본보기를 마주하고, 이를 통해 타인은 물론 나 자신의 가장 깊숙한 욕망과 동기를 탐구할 수 있게 된다.

THE FOOL

THE WORLD

0의 형태는 바보 카드에서는 잠재력을 의미하는 알을, 세계 카드에는 전체성과 순환을 나타낸다.

카드 속 바보의 여정

0번 카드에서 바보는 가슴 가득 꿈을 품은 채 미지의 세계 속으로 발걸음을 내디디며 모험을 시작한다. 바보는 1번 카드의 마법사를 만나 세상을 구성하는 4원소를 상징하는 펜타클과 컵, 완드와 소드를 발견하게 된다. 어쩌면 바보는 이들 도구를 봇짐 속에 이미 가지고 있었을지도 모르지만 마법사를 만나고서야 비로소 그 존재를 알 수 있었다.

그다음, 바보는 자신이 왜 이 모험을 떠나야만 하는지 이유를 알아내고자, 자신의 직감과 닿을 수 있도록 도움을 주는 현명한 여인인 2번 카드의 여사제를 만나게 된다. 그 뒤에는 3번 카드의 여황제가 바보에게 아이디어를 키워내는 방법을 보여주고, 4번 카드의 황제는 여러 생각을 질서 있게 정돈하는 방법을 알려준다. 5번 카드의 사제를 만나 조언을 얻은 바보는 더 넓은 사회에서 자신이 맡을 역할을 어렴풋이 인지하기 시작한다. 6번 연인 카드에서는 짝을 만나게 되며, 연인을 두고 떠날지 아니면 반려로서 헌신할지 갈림길에 서게 된다. 7번 전차 카드를 통해 바보는 이해보다는 결의를 따라서 길을 나설 마음을 먹게 된다.

8번 힘 카드에서 바보는 교훈을 얻는다. 바보는 이제 전차를 모는 전사가 되었으나, 힘 카드 속 여인은 사자를 쓰다듬는 모습을 통해 온화함 또한 힘이라는 사실을 몸소 보여준다. 그런 다음, 9번 카드의 은둔자가 홀로 내면의 빛을 키우고 영성의 길을 찾아가는 방법을 가르쳐준다. 10번 운명의 수레바퀴 카드에서 여정의 중간 지점에 다다른 바보는 자신의 힘으로 모든 것을 통제할 수는 없으며, 세계가 마련해 둔 계획이 따로 있다는 것을 깨닫게 된다.

0
바보:
위험, 기회, 시작

I
마법사:
행동, 풍부한 지략, 실현

II
여사제:
배움, 직감, 신중함

III
여황제:
창의력, 생산성, 풍요

IV
황제:
질서, 안정, 조직

V
교황:
통합, 종교, 교육

VI
연인:
사랑, 결정, 성숙

VII
전차:
여행, 결의, 에너지

VIII
힘:
인내, 탄성, 힘

IX
은둔자:
사색, 비전秘傳의
배움, 내면의 인도

X
운명의 수레바퀴:
숙명, 운명, 흐름

　11번 정의 카드에서 바보는 자신에 대한 사회의 의견에 맞선다. 12번 매달린 사람 카드에서는 영적 개시를 겪고 옛 관점을 내려놓아야 한다는 점을 인식하며, 이러한 영적 개시는 13번 죽음 카드에 이르러서 옛 자아의 종말로 끝을 맞이한다. 바보는 예전의 가치관을 버리고 14번 절제 카드 속 천사의 모습에서 한층 높은 지침을 구한다. 15번 악마 카드에서는 바보의 그림자가 나타나는데, 구속에서 벗어나기 위해서는 자신의 어둠을 헤아려야만 한다. 이 과정은 16번 탑 카드에서 바보가 더 위대한 힘에 굴복함으로써 완결에 이른다.

　바보는 17번 카드에서 앞으로 나아갈 길을 환히 밝혀주는 별을 보며 희망을 찾는다. 18번 달 카드에서 바보는 분별력을 배우고 보다 높은 현실을 인식하며, 이를 통해 현명한 선택을 내려야 한다. 바보는 온전한 의식과 성공, 성장을 상징하는 19번 태양 카드 속의 정원에 들어서서 여정의 최종 단계를 준비하기 위한 휴식을 취한다. 이곳에서 바보는 유쾌한 내면의 어린아이를 되찾게 된다. 20번 심판 카드에서 바보는 마침내 자신의 과거를 되돌아보고, 기억과 죄책감을 다스리며, 스스로와 다른 이들을 용서하여 확장과 완성의 상징인 21번 카드의 세계로 나아가 영혼의 승천을 맞이한다. 마침내 세계와 하나가 된 바보는 0번에서 다시 태어나 순환을 반복하게 되는 것이다.

XI
정의:
공정, 균형, 결정

XII
매달린 사람:
기다림, 관점, 희생

XIII
죽음:
끝, 번화, 진실

XIV
절제:
균형, 책임, 연금술,
인도

XV
악마:
함정, 자기파괴, 유혹

XVI
탑:
재앙, 항복, 계몽

XVII
별:
부활, 치유, 희망

XVIII
달:
과거, 수수께끼,
불확실성

XIX
태양:
기쁨, 보호, 성장,
어린이

XX
심판:
각성, 재검토,
두 번째 기회

XXI
세계:
성공, 완성, 확장, 여행

바보의 여정의 세 단계

바보의 여정은 각 7장의 카드로 이루어진 세 단계로 이해할 수 있다.

1 — 1번 마법사부터 7번 전차까지: 만남을 통한 형성

첫 번째 단계는 물질세계에서의 바보를 다룬다. 물질세계는 친구, 인간관계, 사회 등 우리에게 친숙한 세계이다(일부 사람들은 여황제와 황제를 바보의 부모로 본다). 바보는 이들 각각의 인물을 만나서 정보를 얻으며, 어떤 방향으로 나아갈지 결정을 내리기 시작한다. 7번 전차 카드에 이르러서는 지금까지 알았던 세계를 떠날 준비를 마친다.

Ⅰ ・ **마법사:** 행동, 풍부한 지략, 실현
Ⅱ ・ **여사제:** 배움, 직감, 신중함
Ⅲ ・ **여황제:** 창의력, 생산성, 풍요
Ⅳ ・ **황제:** 질서, 안정, 조직
Ⅴ ・ **교황:** 통합, 종교, 교육
Ⅵ ・ **연인:** 사랑, 결정, 성숙
Ⅶ・ **전차:** 여행, 결의, 에너지

2 — 8번 힘부터 14번 절제까지:
순진함에서 경험으로

두 번째 단계는 마음의 세계에서의 바보를 보여준다. 바보는 경험이라는 시험을 거쳐 성장해 나간다. 이 단계의 각 카드는 바보에게 도덕과 규율, 책임에 대한 문제를 제시하며, 바보는 각 시험을 통해 스스로에 대해 더 알아간다. 14번 절제 카드에 이르러서는 옛 자아를 버리고, 절제 카드 속 대천사 미카엘의 모습을 한, 더 높은 차원의 의식을 만나게 된다.

VIII · **힘:** 인내, 탄성, 힘

IX · **은둔자:** 사색, 비전의 배움, 내면의 인도

X · **운명의 수레바퀴:** 숙명, 운명, 흐름

XI · **정의:** 공정, 균형, 결정

XII · **매달린 사람:** 기다림, 관점, 희생

XIII · **죽음:** 끝, 변화, 진실

XIV · **절제:** 균형, 책임, 연금술, 인도

3 — 15번 악마부터 21번 세계까지: 발전과 승천

마지막 단계는 영적 승천을 향해 바보가 나아가는 길을 보여준다. 악마 카드의 공포와 함정부터 태양 카드의 자유까지, 카드로 나타낸 경험을 통해 세계와 비로소 하나가 된 바보의 모습이 마지막 21번 세계 카드에 그려졌다. 바보가 걸어온 영혼의 여정이 마침내 완결에 이른 것이다. 이제 바보는 세계로 돌아가 새롭게 시작하는 존재로 다시 태어나게 된다.

XV　　・ **악마:** 함정, 자기파괴, 유혹

XVI　　・ **탑:** 재앙, 항복, 계몽

XVII　・ **별:** 부활, 치유, 희망

XVIII ・ **달:** 과거, 수수께끼, 불확실성

XIX　　・ **태양:** 기쁨, 보호, 성장, 어린이

XX　　・ **심판:** 각성, 재검토, 두 번째 기회

XXI　　・ **세계:** 성공, 완성, 확장, 여행

숫자로 보는 연애운

메이저 아르카나 카드를 세 장씩 두 번 고르고 그 숫자를 해석하는 스프레드를 활용해 사랑과 연애운도 알아볼 수 있다.

　연애운에 대하여 떠올린 질문을 카드에 담아 섞고, 첫 세 장의 카드를 고른다(15쪽 참조). 고른 카드를 해석한 뒤에 다음 세 장을 골라 펼쳐두고, 고른 카드의 숫자와 해당 숫자의 상

한눈에 보는 마이너 아르카나 숫자의 의미

1(에이스):
시작, 에너지

2:
파트너십, 끌림,
균형, 긴장

3:
창의성, 표현, 인정

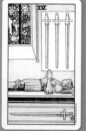

4:
안정, 보호, 경계

5:
불안정, 변화, 경험

6:
조화, 개선,
완성 또는 실현의 단계

7:
잠재력, 야망, 미지

8:
변화, 보상, 진전

9:
격렬함, 축적

10:
완성, 결말, 시작

에이스부터 10까지 번호를 살펴보면 숫자의 배열을 하나의 여정으로 이해할 수 있다. 에이스는 시작이고 10은 결말이며, 그 사이의 숫자들은 확장해 나가고(2, 3), 그 뒤에 안정과 사색이 따르는(4) 여정의 단계를 나타낸다. 5에서는 시험에 들게 되고, 6은 성공, 혹은 해결의 단계이며, 7에는 새로운 가능성과 도전이 있다. 8은 변화와 보상을 불러오고, 9는 경험의 축적을 가져오며, 마지막 10은 여정으로 얻은 결과를 드러낸다.

예를 들어 마음의 슈트인 컵에서는 카드의 배열을 따라 관계의 여정을 볼 수 있다(50쪽 참조).

이렇듯 카드의 숫자는 경험의 단계를 이야기의 형태로 나타내는 것이다. 숫자가 높아질수록 삶이 더 멀리까지 펼쳐진다.

관계의 여정

컵의 에이스:
시작. 새로운 사랑.

컵 2:
두 사람. 파트너십과
헌신.

컵 3:
사랑의 표현. 기쁨.

컵 4:
지루함으로 바뀔 수
있는 안정된 상태. 의심.

컵 5:
관계의 변화와 어려움.

컵 6:
조화를 회복함.

컵 7:
미지의 요소. 지속될
수 있는 관계일까,
허황된 관계일까?

컵 8:
관계의 진전 혹은
이탈의 시점.

컵 9:
행복의 공유.
소원이 이루어짐.

컵 10:
사랑과 확장.
꿈에 그리던 가정.

네 슈트와 그 원소

마이너 아르카나의 슈트는 흙, 공기, 불, 물의 4원소와 관련된다. 슈트의 원소는 슈트의 성질, 혹은 본성을 드러낸다.

컵:
물의 원소.
감정, 관계.
마음의 영역.

펜타클:
흙의 원소.
재산, 돈, 일, 성과.
신체를 포함한 물질의 영역.

소드:
공기의 원소.
지성, 결정, 충돌.
정신의 영역.

완드:
불의 원소.
본능, 열정, 소통, 여행.
영혼의 영역.

아울러서 보기: 의미 찾기

마이너 아르카나 카드의 의미를 알아보려면 카드의 심벌과 슈트, 원소, 번호를 살펴봐야 한다. 카드의 이러한 요소가 마법처럼 한데 모여서 의미를 만들어낸다. 문제는 숫자의 의미가 슈트에 따라 바뀐다는 것이므로 슈트의 원소에 대한 지식과 숫자의 의미를 합쳐서 보아야 한다. 복잡하게 들리겠지만 슈트와 원소, 숫자의 의미에 익숙해지기만 하면 금세 리딩에서 카드의 의미를 파악할 수 있게 된다. 도중에 멈춰서 책을 찾아보는 대신에 그때그때 카드를 해석할 수 있는 자신감을 기르게 될 것이다.

다음은 그 예시이다.

완드 4:
불의 원소를 가진 완드의 슈트에서 4는 불길을 안정시키기고 경계를 만들어내므로 긍정적인 숫자이다. 따라서 화창한 정원의 두 인물이 기뻐하는 모습이 그려진 완드 4는 자유와 보호를 나타낸다.

펜타클 4:
펜타클 슈트의 원소인 흙은 든든한 땅을 이루는 원소이고, 4는 매우 안정적인 숫자이다. 그러나 금화를 움켜잡고 있는 남성의 모습에서 볼 수 있듯, 이 둘이 만나면 물질주의에 젖어 지나치게 편안한 상태를 암시할 수 있다.

소드 4:
공기의 원소를 가진 소드 슈트에서 안정적인 숫자 4는 갈등의 유예를 불러온다. 예배당에 누운 기사는 자신의 검을 내려놓았다.

컵 4:
물의 원소를 가진 감정적인 슈트인 컵에서 안정적인 숫자 4는 감정의 정지를 불러온다. 물은 흘러야 하며, 고인 물은 썩기 마련이므로 나무 아래 나른하게 앉아있는 인물은 따분하고 무기력한 상태이다.

패턴으로서의 숫자:
마이너 아르카나의 모티프 읽기

비스콘티 스포르차나 마르세유 타로와 같은 초기 타로 덱의 마이너 아르카나는 모티프로 이루어졌다. 에이스부터 10까지의 카드에는 어떠한 장면을 묘사한 그림 대신에 코인, 완드, 컵, 소드 모티프가 그려져 있다. 이를 통해 우리보다 앞선 시대에 살았던 타로 리더들(놀이용 카드의 리더들 또한)은 세세한 시각적 신호 없이도 숫자를 해석할 줄 알았음을 알 수 있다. 이에 대하여 그들이 가진 지식은 어느 정도는 숫자를 패턴으로 보고, 한 숫자에서 다음 숫자까지 이들 패턴의 도약을 하나의 이야기로 여기는 사고법에 바탕을 두었을 것이다.

다음은 그 예시이다.

　숫자 4는 단독으로는 안정을 암시한다. 네 개의 모티프는 집이나 의자의 네 모서리처럼 균등하고 안정적이다. 깔끔한 한 무리를 이루고 있다. 그러나 5로 넘어가면 처치가 곤란한 모티프 하나가 더 생기고 만다. 이제는 모티프 두 개로 이루어진 무리 둘과 이들 무리를 갈라놓는 외로운 코인이 있다. 둘 가운데 한 무리가 더 우위를 차지하게 될까? 이렇듯 코인, 혹은 펜타클 5 카드는 불균형과 잠재적 고립으로 볼 수 있다. 컵 5 카드에서는 슬픔이나 감정의 불균형을 찾을 수 있고, 완드 5 카드는 안정의 시험을 나타내며, 소드 5 카드는 손실과 망신을 암시한다.

　따라서 카드에 그려진 슈트의 모티프 다섯 개가 이루는 패턴은 균등하고 조화로운 숫자인 6에 도달하기에 앞서 반드시 거쳐야만 하는 통과 의례인 과도기를 나타낸다. 어떠한 유형의 과도기인지는 카드의 슈트로 예측할 수 있다.

에이스

마이너 아르카나에서 에이스는 시작과 에너지를 의미한다. 에이스는 숫자 1로, 막대기나 지팡이의 형태를 가졌으며, 이를 통해 마이너 아르카나의 에이스가 발상이나 이상의 탄생 등 실현과 관련이 있음을 알 수 있다. RWS 덱에서는 슈트 심벌이 구름에서 뻗어 나온 손에 들려서 등장하며, 우리에게 해당 원소의 가장 위대한 잠재력을 선사하는 듯한 모습이다.

컵의 에이스:
새로운 관계 또는 사랑에 빠지거나 넘쳐흐르는 감정 등의 열정. 이카드는 또한 임신을 의미할 수 있다. 26개의 물방울은 신의 거룩한 손을 의미하는 히브리 문자 요드의 형태로 그려졌다.

펜타클의 에이스:
돈은 성공과 함께 찾아온다: 새로운 집이나 직장, 사업 또는 창의적인 모험.

소드의 에이스:
강경한 결정이 승리와 새로운 시작을 불러온다. 사고의 돌파구. 여섯 개의 작은 방울은 컵의 에이스에서와 같이 신의 은총을 상징한다.

완드의 에이스:
동기와 투지, 모험, 여행, 소통, 아이디어가 일에 가속을 붙인다. 이 카드는 또한 남성의 생식력을 상징한다.

무엇이 시작되고 있을까?

이 스프레드에서는 네 에이스의 강력한 기운을 한데 모으고 각각이 나타내는 방향을 통해 리딩에 도움을 얻는다.

북: 흙, 펜타클의 슈트

남: 불, 완드의 슈트

동: 공기, 소드의 슈트

서: 물, 컵의 슈트

네 에이스의 중앙에 다섯 번째 영의 원소가 자리하며, 이 자리에 카드를 한 장 둔다.

먼저, 네 에이스 카드의 앞면이 위를 향하도록 배치한다. 나머지 마이너 아르카나 카드는 한쪽으로 치우고, 메이저 아르카나 카드만 남겨둔다. 메이저 아르카나 카드를 섞으면서 "무엇이 시작되고 있을까?" 혹은 "어떤 새로운 영향이 내게 다가오고 있을까?"라고 묻는다. 카드 한 장을 고르고, 고른 카드의 앞면이 아래를 향하도록 중앙에 둔다. 숨을 한 번 쉰 뒤에 카드를 뒤집는다.

카드를 해석하려면 질문에 대한 답을 크게 소리 내어 말한다. 이때 답은 "~을 할 시기."로 끝맺는다. 예를 들어 중앙에 은둔자 카드가 놓였다면 답은 "사색에 잠길 시기."가 된다. 3번 여황제 카드가 나왔다면 "생산적일 활동을 할 시기."(혹은 "아기를 가질 시기.")라고 할 수 있다. 15번 악마 카드는 제약의 시기가 다가오고 있으며, 이전에 약속했던 것에 대한 생각을 바꾸는 등 제약을 피하기 위해 지금 할 수 있는 무언가가 있다고 암시한다(162~171쪽에 실린 카드의 의미 사전을 참조해도 좋다).

펜타클의 에이스

컵의 에이스

소드의 에이스

완드의 에이스

2

마이너 아르카나에서 2는 동반 관계와 끌림, 균형, 긴장 상태를 의미한다. 2는 또한 빛과 그림자처럼 서로 정반대의 두 가지 상태가 공존하는 이중성을 상징하기도 한다. 이러한 이중성은 조화로울 수도, 긴장 상태나 갈등을 야기할 수도 있다. 따라서 이들 카드는 동반 관계와 의사 결정에 대해 이야기한다. 대화에는 두 사람이 필요하기에 2는 소통의 중요성을 나타내기도 한다.

컵 2:
사랑의 약속, 영혼의 짝을 알아보고 관계를 키워나감. 사랑과 평화의 카드.

펜타클 2:
돈 및 현금 흐름에 관한 결정. 더 넓게는 실행 가능한 두 선택지 가운데 하나를 고름.

소드 2:
해결되지 않은 상황, 중단 또는 휴전. 이 카드는 또한 일을 뒤로 미루는 버릇과 명확한 결정을 내려야 함을 나타낸다.

완드 2:
모든 유형의 동반 관계가 번창한다. 특히 여행이나 창의적인 일 등에 대한 계획을 세울 시간.

감사

이 레이아웃은 기억과 조화의 카드인 컵 6을 기본으로 한다. 희망을 얻고자 할 때 도움이 되는 스프레드이며, 과거에 바라던 대로 풀리지 않았던 일이나 어떤 사람의 긍정적인 면을 감사히 여김으로써 용서를 향해 나아가는 데에도 도움이 될 수 있다.

컵 6 카드의 앞면이 위를 향하도록 중앙에 놓고, 마음을 열면서 나머지 카드를 섞는다. 의식적으로 감사하는 마음을 먹을 필요는 없으며, 이 부분은 카드가 도울 것이다. 그저 믿음과 평온의 감정이 흐르도록 하면 된다. 이제 준비가 됐다면 카드 세 장을 고르고(15쪽 참조), 카드 앞면이 아래를 향하도록 배열한다.

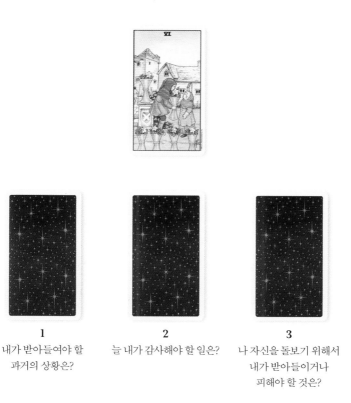

1
내가 받아들여야 할
과거의 상황은?

2
늘 내가 감사해야 할 일은?

3
나 자신을 돌보기 위해서
내가 받아들이거나
피해야 할 것은?

이 스프레드는 친구와 함께 해보면 특히 좋다. 친구가 지켜보는 동안 스스로를 위한 리딩을 진행하고, 카드에 대한 친구의 해석을 들어보는 것이다. 이렇게 하면 지금 당장 내 눈으로는 잘 보이지 않는 삶의 긍정적인 면을 기억하는 데에 도움이 될 수 있다.

7

마이너 아르카나에서 숫자 7은 잠재력을 나타낸다. 그러나 과도한 가능성은 도리어 불안정을 불러올 수 있다. 지나치게 생각을 많이 하게 되거나 집중을 잃게 될 수 있기에 7은 다음으로 나아갈 단계를 고려하고, 에너지를 신중히 쏟으라고 말해준다. 각 슈트에서 7은 집중에 방해가 되는 요소를 피해 현명한 선택을 내리라는 메시지를 전한다.

컵 7:
선택, 여러 가능성이 존재하므로 더 많은 정보가 필요하다. 환상 속의 세계에 살고 있다.

펜타클 7:
위대한 잠재력, 그러나 미래에 성공을 거두려면 꾸준히 일해야 한다.

소드 7:
이동. 물건이나 아이디어의 분실 또는 기회를 빼앗김. 부정행위.

완드 7:
나 자신이나 다른 이들의 신념을 옹호함. 문제와 어려움을 예상함, 자신의 입장을 지킴.

다음 단계로 나아가려면?

소드 10과 첫 번째, 그리고 열 번째 카드를 사용한다. 먼저 소드 10 카드를 꺼내서 카드의 앞면이 위를 향하도록 둔다. 다음 단계로 나아가고자 하는 상황에 대해 떠올리면서 나머지 카드를 섞는다(13쪽 참조). 준비가 됐다면 덱 맨 위에서부터 첫 번째 카드와 열 번째 카드를 꺼낸다.

열 번째 카드:
일단 해결해야 할 일

첫 번째 카드:
예상되는 결과나 기회

이 스프레드에서 카드를 해석할 때는 "[열 번째 카드]를 해결한다면 [첫 번째 카드]가 결과로 따르게 될 거야."라고 말해본다. 결과 카드로 옴짝달싹 못 하는 상태나 갈등을 암시하는 카드가 나왔다면 열 번째 카드를 다시 살펴보고 카드의 메시지를 내 상황에 맞춰 생각해 본다. 시도해 볼 수 있는 대안이 있을 수도 있고, 어쩌면 카드가 이 상황의 해결은 나의 몫이 아니니 그냥 내버려두는 것이 낫다고 말해주는 것일 수도 있다.

반복되는 숫자

리딩에서 반복되는 숫자 카드가 가지는 다음의 의미는 이스라엘 리가디Israel Regardie가 황금의 효(또는 황금여명회)의 사상과 마법 의식에 대한 개론을 담아 1940년에 발간한《황금의 효The Golden Dawn》에서 파생됐다(81쪽 및 83쪽 참조).

	4	3
에이스	위대한 힘	부와 성공
2	회담과 대화	재편성
3	결의와 투지	기만
4	휴식과 평화	근면
5	질서와 규칙성	불만과 다툼
6	기쁨	이득과 성공
7	실망	조약과 결속
8	많은 소식	여러 여정
9	책임의 증가	잦은 왕래
10	불안과 책임	구입, 구매 및 상거래

코트카드:
사람과 영향

타로 덱에는 각 슈트마다 페이지, 나이트, 퀸, 킹의 코트카드가 한 장씩, 총 16장이 있다. 코트카드는 내가 아는 사람들이나 곧 내 삶에 들어올 사람들을 나타낼 수 있다. 구체적으로 어떤 사람인지는 외모나 하는 일 등을 바탕으로 판단해 볼 수 있다. 그러나 이러한 방식의 문제점은 코트카드에 적용된 전통적인 묘사가 모든 사람들을 폭넓게 아우르지 못한다는 것이다. 예를 들어 과거에는 컵의 코트카드 속 인물들은 "밝은" 피부색으로, 펜타클의 코트카트 속 인물들은 "어두운" 피부색으로 묘사했다. 또한 펜타클의 킹은 농업이나 금융업에 종사하는 사람이라고 했으므로 이를 바탕으로 본다면 피부색이 짙고 나이가 지긋하며 직업이 농부나 은행가인 남자로 범위를 좁히게 된다.

현대의 타로 리딩에서 코트카드는 외모에 대한 묘사나 성별에 제한을 두지 않으며, 코트카드를 그저 영향으로만 이해하는 등 내가 느끼기에 옳다고 여겨지는 방식으로 해석하면 된다. 예를 들어 스스로를 여성으로 정의하는 질문자(내담자)의 리딩에 펜타클의 킹 카드가 나왔다고 가정해 보자. 리딩의 주제는 커리어이다. 이 카드를 영향으로 본다면 금융 당국과 성장을 나타내므로 질문자는 그녀의 커리어에서 펜타클의 킹으로 발전해 나가고 있다고 해석할 수 있다. 또한 그녀에게는 펜타클의 킹은 그녀의 (여성) 상사로 롤모델을 나타낼 수도 있다. 따라서 이 경우에 펜타클의 킹은 영향이자 사람으로 두 가지의 역할을 하는 것이다. 카드는 질문자의 야망을 상징하거나 직접적으로 형상화하여 보여준다. 타로를 다룰 때에 이러한 방식이 매우 중요하다. 모든 코트카드를 사람으로만 보고, 질문자는 내가 묘사하는 인물상과 아무런 연관을 찾지 못한다면 리딩은 정체되어 더 이상 앞으로 나아가지 못하게 된다. 코트카드를 영향으로서 더 넓게 이해하면 리딩의 기운을 더 깊숙이 찾아드는 새로운 방법을 발견할 수 있을 것이다.

이러한 이유로 각 코트카드는 두 가지로 해석할 수 있다. 첫 번째 해석은 내 삶에 스며든 영향이고, 두 번째는 내가 이미 알거나 앞으로 만나게 될 사람의 성격을 통해 이 영향이 어떻게 발현될지에 대한 해석이다.

코트카드의 역방향 의미에 대해서는 166~171쪽에서 알아볼 수 있다.

에틸라의
코트카드 위계

카드 점술사로 이름을 날린 프랑스의 에틸라(장바티스트 알리에트, 1738~91년)는
코트카드에 다음과 같이 광의적 의미를 부여했다.

킹:

신명계(영성)

퀸:

인간계(활성)

나이트:

물질계(물질성)

네이브(페이지):

과도기, 전해진 삶

네이브, 혹은 페이지의 '과도기'라는 의미는 스쳐가는 영향으로,
'전해진 삶'은 전수 받은 지혜로 인해 덕을 보는 젊은이로 해석할 수 있다.

페이지

PAGE OF PENTACLES

페이지는 흙의 원소와 연관된다(50쪽 참조). 네 슈트에서 나이가 어린 사람이나 발생한 지 얼마 되지 않은 상황을 나타낸다. 이러한 이유로 페이지의 의미에는 어른으로의 성장 단계에 있는 어린이나 젊은이의 배움과 변화가 포함된다(아래 표 참조). 페이지는 또한 연속적인 새로운 사건을 불러오는 소식을 의미할 수 있다.

	영향으로서:	사람으로서:
컵의 페이지	재미, 사랑, 새로운 우정, 감성을 기른다.	통찰력이 있고 예술적인 젊은이.
소드의 페이지	사소한 것들을 돌본다, 새로운 정보.	야망 있고 성실하며 활기 넘치는 젊은이.
완드의 페이지	일, 사업 및 사회 활동에 관한 좋은 소식.	창의적이고 말하기를 좋아하는 젊은이.
펜타클의 페이지	일, 돈 및 교육에 관한 새로운 기회.	성공을 위해 열심히 일하는 부지런한 젊은이.

나이트

KNIGHT OF SWORDS

나이트는 전통적으로 공기의 원소와 연관되며, 대체 원소는 불이다(50쪽 참조). 나이트는 사람과 행동, 진행 중인 상황을 나타낸다. 모든 나이트 카드의 추가적 의미는 물질계이며(76쪽 에틸라의 코트카드 위계 참조), 나이트의 행동은 가시적인 결과를 가진다.

	영향으로서:	사람으로서:
컵의 나이트	초대 혹은 약속.	꿈을 가진 사람, 이상을 나타내는 로맨티스트.
소드의 나이트	극적인 상황과 불화. 긴장되는 대립.	혼란에 잘 대처하고 행동이 빠르며 야망 있는 사람.
완드의 나이트	여행, 문화, 로맨스, 이사.	인맥을 잘 활용하고 카리스마를 지닌 사람.
펜타클의 나이트	안정과 전념. 재정 계획.	서두르지 않고 체계적이며 충성스러운 사람.

퀸

QUEEN OF CUPS

퀸은 물의 원소와 연관된다(50쪽 참조). 퀸은 성숙한 사람이나 발생하고 시일이 흐른 상황을 나타낸다. 퀸은 또한 인간계와 관련되며(아래 표 참조), 인간관계나 표현, 개인의 발전의 측면에서 해석할 수 있다.

	영향으로서:	사람으로서:
컵의 퀸	사랑, 양성, 감성.	반려나 잠재적 반려. 직감적이고 마음을 좇으며 사는 사람.
소드의 퀸	힘과 통찰력. 분별력.	약삭빠르고 예리한 사고를 하는 사람. 매우 독립적인 사람.
완드의 퀸	높아지는 자존감. 자기표현, 창의성 및 에너지.	소통을 잘하고 영감을 주는 사람.
펜타클의 퀸	돈과 지원. 자연계를 향한 애정.	도움을 주는 사람. 현실적이고 자신의 것을 나눌 줄 아는 사람.

킹

KING OF WANDS

킹은 전통적으로 불의 원소와 연관되며, 대체 원소는 공기이다(50쪽 참조). 네 슈트에서 킹은 퀸과 마찬가지로 성숙한 사람이나 발생하고 시일이 흐른 상황을 나타낸다. 네 장의 킹 카드는 모두 신명계나 영성과도 관련될 수 있다(아래 표 참조).

	영향으로서:	사람으로서:
컵의 킹	사랑과 지지. 감정을 다스림.	현명하고 남들을 잘 배려하는 반려 혹은 잠재적 반려.
소드의 킹	명확한 결정. 전략적 사고의 필요.	단호하고 야망이 있으며 무자비할 수도 있는 사람.
완드의 킹	동기와 리더십. 자신감을 보일 때.	카리스마와 뚜렷한 시야를 가진 자유로운 영혼.
펜타클의 킹	부와 보호, 돈 문제가 해결된다.	너그럽고 충성스러운 사람.

코트카드와 원소

에이스부터 10까지의 카드와 마찬가지로 코트카드 또한 슈트의 원소를 이용해 해석에 도움을 얻을 수 있다. 그러나 코트카드는 페이지, 나이트, 퀸, 킹 등 각 카드의 신분에 따라 추가적인 원소를 가지기 때문에 모든 코트카드는 슈트에 따른 원소와 신분에 따른 원소라는 두 가지 원소와 연관된다.

　카드의 두 가지 원소를 알면 리딩에서 더 깊은 의미를 알아낼 수 있다. 펜타클의 페이지 카드를 예로 들자면 페이지는 흙이고, 펜타클 슈트 또한 흙이므로 "흙의 흙"이다. 흙이 두 번 반복된 조합을 인물의 성질로 본다면 흙이 육체나 물질계를 나타내기에 응용력이나 신체적 능력이 뛰어난 사람을 가리키며, 성공을 위해 열심히 일하는 젊은이라는 카드의 전통적 의미와도 상통한다.

황금의 효 코트카드 원소

	컵	펜타클	소드	완드
페이지	물의 흙	흙의 흙	공기의 흙	불의 흙
나이트	*물의 공기	흙의 공기	공기의 공기	불의 공기
퀸	물의 물	흙의 물	공기의 물	불의 물
킹	*물의 불	흙의 불	공기의 불	불의 불

---

* 행동주도적인 나이트(불)와 전략적 사고를 필요로 하는 킹의 위치로 인해 현대의 일부 타로이스트들은 나이트와 불을, 킹과 공기를 연관 짓는 방식을 선호하기도 한다.

코트카드와 숫자

4장에서는 타로 스프레드에서의 퀸테센스 카드에 대해 알아볼 것이다. 퀸테센스 카드란 리딩의 마지막에 스프레드의 모든 카드의 숫자를 더하고, 메이저 아르카나 카드의 숫자로 축소하여서 추가적인 조언을 구해보는 카드를 말한다(130쪽 참조).

　퀸테센스를 알아볼 때 일부 리더들은 페이지는 11, 나이트는 12, 퀸은 13, 킹은 14로 코트카드에 숫자를 부여하여 스프레드의 다른 카드의 숫자와 합치곤 한다. 따라서 VI 연인과 펜타클 4, 컵의 퀸 카드가 있다면 6(연인)과 4(펜타클), 13(컵의 퀸)을 더하는 것이다 (6+4+13=23). 그런 다음 2와 3을 더한 값, 교황 카드의 5를 도출한다. 코트카드의 숫자를 합하지 않는다면 6과 4만을 더해 운명의 수레바퀴 카드의 10이 나오게 된다. 따라서 퀸테센스 카드는 카드를 결정하는 방식에 따라 매우 다른 조언을 내어준다. 운명의 수레바퀴 카드는 운이 좋아질 것이므로 흐름을 따르라 말하고, 교황 카드는 배움과 현명한 인도를 통해 영성의 길을 따르라고 말한다. 필자는 적은 수의 카드만을 쓰는 스프레드에서 모든 카드가 코트카드인 경우가 아니면 코트카드의 숫자는 제외하는 편이다.

반복되는 코트카드

다음은 이스라엘 리가디의 《황금의 효》에서 가져온 반복되는 코트카드의 의미이다(74쪽 참조).

	4	3
킹	대단히 빠름	예상치 못한 만남
퀸	권위와 영향	강력하고 영향력 있는 친구
나이트	중요한 사람과의 만남	지위와 명예
페이지	새로운 아이디어와 계획	젊은 사람들과 어울림

3

타이밍 테크닉과
직감

이 장에서는 앞날을 내다보는 타이밍 스프레드와
리딩에서의 카드를 활용하는 타이밍 테크닉,
숫자를 상징으로 읽으며 카드 속 깊숙이 담긴
메시지를 풀어내는 방법을 알아본다.

타이밍과 윤리

타로 리딩으로 알아볼 수 있는 기간은 보통 6개월에서 8개월 사이라고 한다. 그러나 리딩을 진행하다 보면 "그러니까 이런 일이 언제 일어나는 건데?"라는 질문이 끊임없이 떠오르곤 한다. 스프레드와 더불어 숫자와 나 사이의 직감적 연결을 통해 사건의 시기를 예측해 볼 수 있는 몇 가지 테크닉이 존재한다. 하지만 이를 시작하기에 앞서 고려해야 할 도덕적 관점이 있다. 한 가지 문제는 시기의 예측이 내담자에게 있어 자기충족적 예언이 될 수 있다는 것이다. 만약 세 달쯤 뒤에 연애를 하게 될 것이라고 한다면, 내담자는 이를 절대적으로 받아들이게 된다. 따라서 그 시기가 다가올 때까지는 연애 상대를 찾으려 하지 않거나, 그 시기 이전에 만나게 된 영혼의 단짝을 알아보지 못하게 될 수도 있다. 우리에게는 자유의지가 있고, 우리는 우리의 삶과 선택에 대한 책임을 가진다. 타로 리더로서 나는 다른 사람이 내린 결정이나 앞으로 일어날지도 모를 일에 대한 책임을 갖지 않는다. 내가 할 수 있는 일은 그저 어떠한 일의 시기를 보이는 대로 예측해 알려주고, 이렇게 예측한 시기가 언제든 유동적으로 바뀔 수 있다는 사실을 일러두는 것뿐이다. 나는 리딩이 진행된 시점에서 예측할 수 있는 시기를 알려줄 뿐이며, 그 뒤에 얼마든지 많은 변화가 일어날 수 있다. 따라서 예측이란 지금 내가 감지하기에 가장 가능성이 높은 미래의 사건일 뿐이란 사실을 반드시 내담자에게 설명해 주어야 한다.

이러한 이유는 물론 다른 이유들로 인해 어떠한 일이 벌어진 시기를 예측하기가 꺼려질 수도 있다. 그렇다고 해서 이 장을 그냥 넘겨버리지는 않기를 바란다. 100쪽부터 105쪽에서는 리딩에서 숫자를 그저 예측의 도구로서가 아닌 나의 직감을 높이고 지혜의 창구를 여는 상징으로 활용하는 방법을 알아볼 것이다.

앞으로 하루

하루에 앞서 일어날 일을 알아볼 수 있는 메이저 아르카나 카드 한 장과 조언 카드 한 장을 이용하는 쉬운 테크닉이다. 먼저 오늘 날짜의 연도, 월, 일을 모두 더한다. 예를 들어 2021년 5월 7일이라면 오늘의 날짜인 2021, 5, 7을 쓰고, 각 숫자를 더한다(2+0+2+1+5+7=17). 이렇게 얻은 합이 17이므로 XVII 별 카드에 해당한다. 날짜를 더한 숫자가 21보다 크다면 각 자리를 더한다. 예를 들어 33인 경우, 3과 3을 더하면 6이므로 VI 연인 카드에 해당한다. 각 자리의 수를 더하고, 필요한 경우에는 메이저 아르카나 카드의 숫자가 나올 때까지 다시 한번 더하는 것이다.

오늘의 카드

조언

날짜를 더해 선택한 메이저 아르카나 카드를 앞면이 위를 향하도록 앞에 둔다. 다음에는 나머지 카드에 하루 동안 일어날 일에 대한 조언을 내어달라고 부탁한다. 카드를 섞고, 한 장을 고른 뒤에(15쪽 참조) 앞서 꺼내놓은 메이저 아르카나 카드 옆에 둔다.

미래의 날짜 알아보기

같은 테크닉을 이용해 경사나 시험, 휴가 등이 예정되어 있는 미래의 날짜에 대해서도 알아볼 수 있다. 위에서 한 것과 같은 방법으로 메이저 아르카나 카드의 숫자를 계산하고, 조언을 내어줄 두 번째 카드를 고르면 된다.

앞으로 한 주

앞으로 한 주 동안 일어날 일을 알아보려면 카드를 섞고, 카드 한 장을 골라 카드의 앞면이 아래를 보도록 둔 다음에 리딩의 시그니피케이터로 삼는다(15쪽 참조). 이 카드는 한 주 동안 일어날 일에 관한 대략적인 주제를 알려주지만 (한 주 안의 날들을 나타내는 나머지 카드의 해석에 있어 영향을 받지 않도록) 맨 마지막에 해석해야 한다. 다음에는 일곱 장의 카드를 골라 카드의 앞면이 아래를 보도록 배열한다. 1번과 2번, 3번 카드의 사이사이에 빈자리를 한 칸씩 남겨둔 채 배열하고, 89쪽의 예시 이미지와 같이 4번(일요일) 카드를 맨 끝에 둔 뒤에 5번과 6번, 7번 카드를 배열해 한 주를 완성한다.

　이러한 레이아웃은 각 요일과 연결되는 행성이 궤도를 도는 속도에서 기원했다.

월요일: 달

화요일: 화성

수요일: 수성

목요일: 목성

금요일: 금성

토요일: 토성

일요일: 태양

　그리스의 학자 프톨레마이오스(기원전 90~168년)가 행성이 궤도를 한 바퀴 도는 속도에 따라 정리한 것으로, 가장 빠른 달부터 시작해서 수성, 금성, 태양, 화성, 목성, 그리고 마지막으로 가장 느린 토성으로 이어진다. 따라서 이 스프레드에서 카드는 프톨레마이오스의 순서에 따라 1번 카드는 월요일(달), 2번 카드는 수요일(수성) 등으로 배열한다.

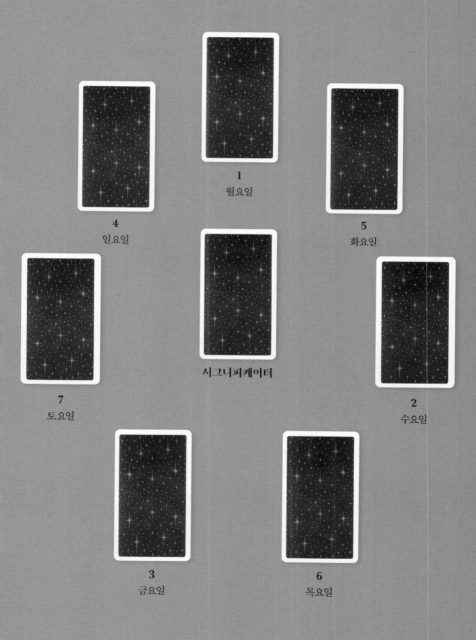

1
월요일

4
일요일

5
화요일

7
토요일

시그니피케이터

2
수요일

3
금요일

6
목요일

앞으로 한 달

이 스프레드는 카드 열 장을 이용해 앞으로 한 달 동안 일어날 일을 알아본다. 각 주마다 두 장의 카드와 28일 이후에 대한 두 장의 카드로 이뤄진다. 평년 2월에 대한 리딩이라면 여덟 장의 카드만 이용하고, 그밖에는 모두 아래 예시를 따르면 된다. 왼쪽 줄의 카드는 그 주에 어떤 일이 벌어질지를 보여주고, 오른쪽의 카드는 그에 대한 조언을 내어준다.

"다가오는 한 달에 대해 알아야 할 점은?"을 생각하며 카드를 섞는다. 카드를 고르고 예시처럼 배열한다. 1, 2번을 먼저 뒤집고 해석한 후 나머지 카드도 같은 방식으로 진행한다. 나중에 다시 살펴보고 참고할 수 있도록 각 주에 대한 예측과 통찰을 메모해 두면 좋다.

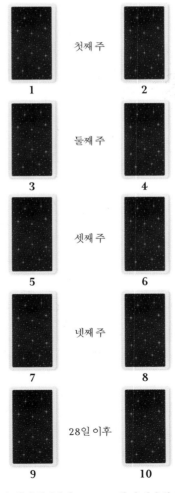

무슨 일이 일어날까   조언 및 해야 할 일

31일로 이루어진 7월에 대한 리딩을 예시로 보자.

첫째 주

1

2

둘째 주

3

4

셋째 주

5

6

넷째 주

7

8

28일
이후

9

10

무슨 일이 일어날까   조언 및 해야 할 일

간략한 리딩

1번 및 2번 카드:

컵 7과 전차. 아무것도 정해지지 않은 느낌이며, 가능성은 많다. 여기에서 얻을 수 있는 조언은 실용적인 면에 집중하여 결단력을 가지고 앞으로 나아가라는 것이다.

3번 및 4번 카드:

펜타클 4와 컵 3. 안정적인 상황. 내가 가진 많은 것을 혼자 독차지하기보다는 다른 이들과 축배를 들고 나누라고 조언한다.

5번 및 6번 카드:

태양과 완드 9. 성장과 성공, 행복한 자리. 스스로 정해둔 경계를 낮추거나 높여야 하지 않은지 고민해 보라는 조언이다.

7번 및 8번 카드:

소드의 퀸과 코인 8. 스스로 품은 야망이나 내 삶의 여왕이 내게 거는 기대로 인해 시간을 빼앗기게 될 것이다. 여기에서 얻을 수 있는 조언은 성실함이 보상을 불러오리라는 것이다.

9번 및 10번 카드:

완드 5와 코인 3. 어려움을 겪고 있다는 생각이 들겠지만 끝내 원하는 것을 창조해 낼 것이므로 시험을 참고 견뎌낼 가치가 있다.

태음월

초승달이 뜨는 날에 시도해 볼 수 있는 단순한 스프레드로, 시작을 나타내는 초승달과 앞으로의 성장을 나타내는 상현달, 정점과 해방을 나타내는 보름달, 굴복과 하강을 나타내는 하현달 등 달의 네 가지 주요 위상을 상징하는 네 장의 카드를 사용한다.

　여기에 나온 스프레드의 레이아웃을 복사해 두고, 온라인에서 음력이 표시된 달력을 찾아서 달의 다음 주기가 진행되는 날짜를 적어놓으면 도움이 된다.

　"나는 무엇을 창조할 수 있을까? 달의 그림자에서 무엇이 나올까?"라고 질문을 던지면서 카드를 섞은 뒤에 카드를 골라서 다음 쪽의 그림처럼 배열한다.

1번 카드: 초승달. 이번 태음월에 시작될 일.

2번 카드: 상현달. 선택, 꼭 필요한 결정.

3번 카드: 보름달. 얻을 수 있는 결과. 돌아봐야 할 점.

4번 카드: 하현달. 앞길을 정리하기 위해 놓아야 할 것.

　카드를 해석할 때는 카드가 달의 주기와 조화를 이루는지 살펴보자. 예를 들어 소드 4 카드가 하현달 시기의 3번 자리에 나왔다면 기운이 감소하는 주기 동안 잠시 멈추라는 의미로, 고요히 잦아드는 달의 형상에 맞춰 휴식을 취하라는 조언이다. 에이스나 III 여황제 등 생산적인 카드가 3번 자리에 나왔다면 새로 뜨는 초승달의 새 기운과 조화를 이룬다. 몇몇 카드가 달의 흐름과 상반되는 듯 보인다면 이들 카드의 조언을 이용해 앞으로 나아갈 수 있다. 예를 들어 X 운명의 수레바퀴 카드가 4번 자리에 나왔다면 운명에 순응하라는 의미를 지닌 카드이므로 하현달의 시기와 잘 들어맞는다. 그러나 이 카드가 2번 자리에 나왔다면 결정을 내려야 할 시기에 통제를 잃고 있다는 뜻일 수 있다.

1

4

2

3

앞으로 한 해

이 스프레드는 한 해가 시작되는 1월에 시도해 보면 좋다. 점성술에서 태양이 양자리에 들어서며 새해가 시작되는 3월이나, 위카에서 새해가 시작되는 삼하인(핼러윈) 등 내가 느끼기에 한 해가 시작되는 시기에 해봐도 좋다. 또한 한 해 가운데 언제든 이 스프레드를 사용해도 좋으며, 이 경우에는 1번 카드를 현재의 달을 나타내는 카드로 삼으면 된다.

먼저 나를 나타내는 시그니피케이터(15쪽 참조) 카드를 고르되 덱에서 꺼내지 않고 그대로 둔다. 컵의 퀸이나 완드의 킹 등 코트카드나 은둔자, 황제, 별, 여사제 등 메이저 아르카나 중에서 고르면 좋다. 시그니피케이터 카드를 덱에 둔 채로 시그니피케이터 카드의 오른쪽에 있는 카드 12장을 센다. 다음 쪽의 그림처럼 시그니피케이터 카드의 앞면이 위를 향하도록 중앙에 두고, 세어둔 카드 12장은 카드의 앞면이 아래를 향하도록 배열한다. 만약 시그니피케이터 카드가 덱의 위쪽에 자리한다면, 덱의 맨 아래부터 이어서 센다. 카드를 아래와 같이 부채 모양으로 펼쳐놓으면 더 쉽게 셀 수 있다.

카드를 해석할 때는 봄에 해당하는 카드 세 장, 여름에 해당하는 카드 세 장, 가을에 해당하는 카드 세 장, 겨울에 해당하는 카드 세 장 등 계절에 따라 묶어서 보면 쉽다. 느낌과 상징, 원소, 색 등의 측면에서 카드가 서로 어떻게 연결되거나 상반되는지 꼼꼼히 살펴보고, 해석해 나가면서 메모를 해두면 좋다.

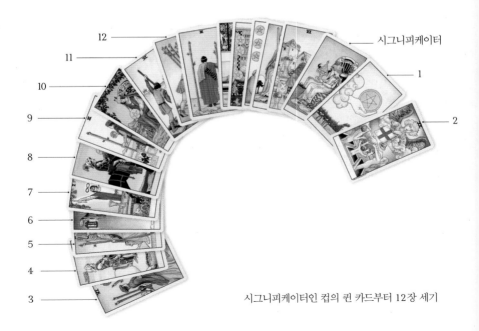

시그니피케이터인 컵의 퀸 카드부터 12장 세기

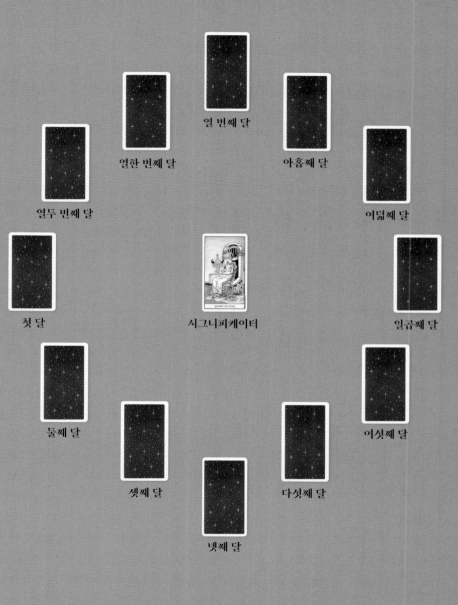

열 번째 달

열한 번째 달

아홉째 달

열두 번째 달

여덟째 달

첫 달

시그니피케이터

일곱째 달

둘째 달

여섯째 달

셋째 달

다섯째 달

넷째 달

앞으로 한 해 스프레드를 별자리점 스프레드로 활용하기

앞으로 한 해 스프레드를 이용해 다가오는 새해의 별자리점을 볼 수 있다. 스프레드의 각 카드가 별자리와 내 삶의 양상을 나타낸다. 첫 달은 양자리, 둘째 달은 황소자리를 나타내는 식이며, 각 카드의 위치는 다음과 같은 의미를 갖는다.

1번 카드, 양자리: 자아상

2번 카드, 황소자리: 돈과 자원

3번 카드, 쌍둥이자리: 소통과 아이디어

4번 카드, 게자리: 가정과 가족

5번 카드, 사자자리: 창의력과 자기표현

6번 카드, 처녀자리: 일과 행복

7번 카드, 천칭자리: 인간관계

8번 카드, 전갈자리: 숨겨진 것 또는 과거

9번 카드, 궁수자리: 지식, 영성

10번 카드, 염소자리: 커리어와 야망

11번 카드, 물병자리: 공동체와 지지

12번 카드, 물고기자리: 내적자아, 잠재의식

앞으로 한 해의 별자리점 스프레드를 배열하려면 다가오는 새해가 품은 잠재력을 향해 마음을 활짝 열면서 카드를 섞는다. 첫 번째 카드를 새해의 주제를 나타내는 시그니피케이터로 삼고, 1번부터 12번까지 카드를 배열한다. 시그니피케이터 카드는 아래를 보게 두었다가 리딩의 마지막에 뒤집어서 다른 카드의 해석에 영향을 받지 않도록 한다.

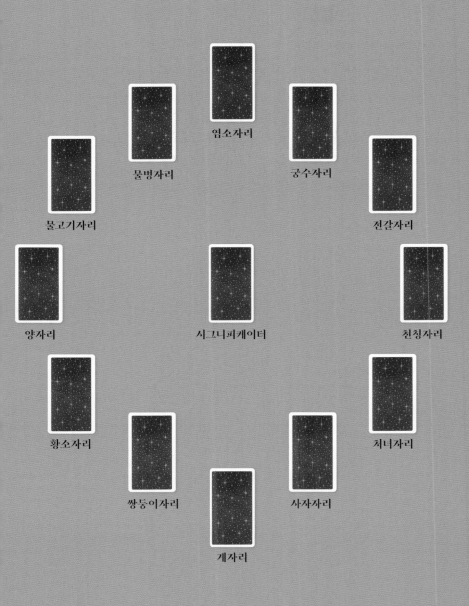

염소자리

물병자리

궁수자리

물고기자리

전갈자리

양자리

시그니피케이터

천칭자리

황소자리

처녀자리

쌍둥이자리

사자자리

게자리

메이저 아르카나 카드를
이용해 시기 예측하기

메이저 아르카나 각 카드는 행성이나 황도십이궁의 별자리와 연관되며, 별자리를 이용해 어떤 일이 일어날 시기를 예측할 수 있다. 예를 들어 V 교황 카드는 황소자리에 포함되므로 알고자 하는 일이 황소자리의 시기(4월 20일부터 5월 20일까지)에 일어날 수 있다. 각 카드와 별자리의 관계는 다음과 같으며, 이는 《황금의 효》 체계에 따른 것이다(81쪽 및 83쪽 참조).

카드	별자리	날짜
IV 황제	양자리	3월 21일~4월 19일
V 교황	황소자리	4월 20일~5월 20일
VI 연인	쌍둥이자리	5월 21일~6월 20일
VII 전차	게자리	6월 21일~7월 22일
VIII 힘	사자자리	7월 23일~8월 22일
IX 은둔자	처녀자리	8월 23일~9월 22일
XI 정의	천칭자리	9월 23일~10월 22일
XIII 죽음	전갈자리	10월 23일~11월 21일
XIV 절제	궁수자리	11월 22일~12월 21일
XV 악마	염소자리	12월 22일~1월 19일
XVII 별	물병자리	1월 20일~2월 18일
XVIII 달	물고기자리	2월 19일~3월 20일

미래 위치의 마이너 아르카나 카드를 이용해 시기 예측하기

스프레드에서 "미래" 위치의 카드를 이용해 앞으로 일어날 일을 예측할 수 있다. 그 카드가 마이너 아르카나의 숫자카드라면 카드의 슈트를 통해 일이 며칠, 몇 주, 몇 개월, 혹은 몇 년 뒤에 일어날지 알아볼 수 있다. 숫자카드가 아니라면 숫자카드가 나올 때까지 덱의 맨 위에서 카드를 한 장씩 뽑아 미래 카드 옆에 둔다. 과거와 현재, 미래로 이루어진 이 스프레드에서 미래를 나타내는 3번 카드를 시기 예측의 길잡이로 본다.

1	2	3
과거	현재	미래

켈틱 크로스 스프레드(124~131쪽 참조)에서는 가까운 미래를 나타내는 6번 카드로 시기를 예측한다. 여기서도 마찬가지로 이 자리에 숫자카드가 놓이지 않았다면 위와 같은 방법을 이용해 덱에서 숫자카드 한 장을 꺼내면 된다. 다만, 스프레드의 다른 카드를 모두 배열한 뒤에 새로운 카드를 꺼내야 한다. 각 슈트가 나타내는 시기는 다음과 같다.

컵	완드	소드	펜타클
일	주	개월	년

각 슈트는 또한 계절과도 연관된다.

컵	완드	소드	펜타클
겨울	봄	여름	가을

이 체계는 리딩에서 시기를 예측할 때에 근사한 시작점이 될 수 있으나, 10년 뒤 가을을 나타내는 펜타클 10 카드처럼 리딩에서 다룰 수 있는 일반적인 기간의 범위를 크게 벗어난다. (또한 리딩을 통해 10년 뒤를 내다볼 수 있다고 치더라도 그렇게 먼 미래까지 알아보고 싶은 경우는 거의 없을 것이다.) 이런 경우에는 숫자를 상징으로 보는 대안적인 방법을 이용할 수 있다. 상징은 우리의 직감을 자극하고 미래의 지혜로 향하는 문을 열어준다.

연습:
카드에서 더 많은 숫자 찾아보기

숫자에 초점을 둔 사고를 하면 곳곳에서 그동안 보지 못했던 숫자를 발견하게 된다. 마법사 카드를 살펴보자. 카드의 번호는 I이지만, 마법사의 머리 위에 기운의 무한한 흐름을 상징하는 렘니스케이트가 있다. 리딩에서 마법사 카드가 나타났을 때 렘니스케이트에 이끌림을 느끼는 경우가 있다. 변화와 보상을 나타내는 숫자 8의 의미로 인해 카드의 해석에 또 다른 한 겹이 더해지게 된다.

카드를 훑어보면서 무한대 기호가 그려진 카드를 모두 골라내 보자. I 마법사, VIII 힘, 펜타클 2, 컵 9, XXI 세계 카드가 대표적인 예시이다.

숨겨진 렘니스케이트

초기의 덱에는 IX 카드의 은둔자가 손에 든 등에 오늘날 우리가 보는 별 모양(104쪽 참조)이 아닌 렘니스케이트 형태의 모래시계가 그려져 있었다. 모래시계는 은둔자가 아버지 시간Father Time과 로마 신화의 사투르누스(그리스 신화의 크로노스)에서 기원했음을 의미한다.

렘니스케이트는 불완전한 형태로 나타나기도 한다. 컵 4 카드에는 팔짱을 낀 채 시무룩하게 앉아있는 인물을 볼 수 있다. 반대쪽 소매 아래에 끼워 넣어 가려진 한 손은 막혀있는 기운을 상징한다. 만약 그가 건네진 컵을 받아 들었다면 삶이 다시 흘러갈 수 있을 것이다. 컵 4 카드의 인물(104쪽 참조)과 컵 9 카드의 인물을 비교해 보자. 컵 9 카드에서 보이는 완전한 형태의 렘니스케이트는 우주의 기운의 무한한 흐름의 일부가 되면 바람을 실현해 낼 수 있다는 '소원 카드'의 모든 긍정성을 상징한다.

램니스케이트는 마법사, 힘, 펜타클 2 카드에 등장하며, 컵 9 카드에는 팔짱을 낀 모습으로 암시되어 있다. 세계 카드의 만돌라에 묶인 붉은 리본 또한 램니스케이트의 형태를 띠고 있다.

THE HERMIT

매달린 사람의 4

매달린 사람 카드 속 인물의 다리는 4의 형태를 그리고 있다(카드를 거꾸로 보면 좌우가 바뀐 4를 볼 수 있다). 카드가 처음 만들어졌을 때 4의 형태는 초기 기독교에서 쓰였던 상징인 갈고리 십자가Fylfot cross를 연상시키도록 의도적으로 그려졌다. 4를 안정성으로 본다면, 여기에는 위태롭기 짝이 없는 자세이지만 스스로에게 고귀한 유익으로 돌아오리라는 것을 알기에 믿음을 갖고 있는 매달린 사람의 경험이 반향된다.

이러한 예시를 출발점으로 삼아 카드에서 더 많은 숫자의 형태를 찾아보고, 숫자의 의미를 통해 리딩이 더욱 풍부해지기를 바란다.

4

타로 스프레드에서의
숫자 테크닉

○

타로 스프레드는 수백 가지가 존재하며,
한 장의 카드로 하루의 일을 알아보는 리딩부터
10장의 카드로 보는 켈틱 크로스까지, 이용하는 카드의 수가 다양하다.
숫자의 기운을 이해하면 리딩의 주제에 맞는 스프레드를 고를 수 있다.

타로 스프레드를 접할 때 카드의 수보다는 레이아웃의 형태나 주제를 먼저 살펴보게 된다. 나와 공명하는 스프레드를 자유롭게 고르는 것이 자연스럽기는 하지만, 배열하는 카드의 수에도 분명 의미가 담겨있다. 스프레드 속 카드의 수는 리딩의 목적에 힘을 실어주는 숫자의 기운을 발생시킨다.

따라서 리딩에 앞서 선택한 스프레드에 사용되는 카드의 수를 살펴보자. 예를 들어 동반자 관계에 얽힌 문제를 알아볼 때는 두 장의 카드를 쓰는 스프레드를 선택할 수 있고, 현재 겪고 있는 어려움의 핵심을 파고들 때는 다섯 장의 카드를 쓰는 스프레드를 고를 수 있다. 이렇게 하면 카드의 수와 상황의 본질이 서로 맞아떨어지는 리딩을 할 수 있다.

주제에 맞는 부스트 효과 주기

레이아웃을 리딩 주제에 더 견고히 맞추려면

메이저 아르카나 카드와 더불어 묻고자 하는 질문의 본질을 반영하는

마이너 아르카나 슈트 한 가지를 이용해 리딩을 하면 된다.

예를 들어 연애에 관한 리딩이라면 컵 슈트를 골라내어

메이저 아르카나에 섞어 넣는 것이다.

법정 다툼의 결과에 대해 알아보고자 하면 소드 슈트만을

메이저 아르카나와 함께 섞는다.

여행이나 창의적인 일의 결과를 예측해 보려 할 때는 완드 슈트를,

가정과 돈 문제에는 펜타클 슈트를 사용하면 된다.

한 쌍의 카드로
연애운을 알아보는 리딩

숫자 2는 동반자 관계를 나타내며, 서로 반대되는 것들 사이의 긴장감을 드러내기도 한다. 한 쌍의 카드를 이용한 리딩은 관계의 역학과 미래 잠재력을 파헤친다. 두 장의 카드 가운데 하나는 '나'를 나타내고, 나머지 하나는 현재의 동반자나 잠재적 동반자를 의미한다.

코트카드(페이지, 나이트, 퀸, 킹)에서 나를 나타내는 카드 한 장과 알아보고자 하는 상대를 나타내는 카드 한 장을 고른다. 원하는 대로 자유롭게 카드를 고르면 된다. 킹이나 나이트 카드가 스스로를 남성으로 정의하는 인물을 나타내는 등의 제약에 구애받지 않아도 된다. 이 두 장의 카드는 사람을 상징하여 연애 리딩의 중점으로 작용하므로 시그니피케이터(15쪽 참조)라고 부른다.

이제 나머지 카드를 섞은 뒤에 둘로 나눠 카드의 앞면이 아래를 향하도록 쌓아둔다. 한 뭉치는 나를, 다른 뭉치는 알아보고자 하는 상대를 나타낸다. 첫 번째 뭉치에서 카드 두 장을 꺼내서 1번과 3번 위치에 둔다. 두 번째 뭉치에서 또 두 장의 카드를 꺼내서 2번과 4번 위치에 카드의 앞면이 아래를 향하도록 둔다.

준비가 됐다면 1번과 2번 카드를 뒤집어서 함께 해석한다. 그다음에는 3번과 4번 카드를 뒤집어 해석한다. 이제 두 뭉치로 나누었던 카드를 한데 섞어 하나로 쌓아둔다. 5번과 6번 카드는 통합된 관계의 기운을 보여줄 것이기 때문이다.

카드 한 쌍으로 연애운 알아보기

나
(시그니피케이터)

상대
(시그니피케이터)

5
숨겨진
어려움

1
내게 있어 관계가
갖는 의미

2
상대에게 있어 관계가
갖는 의미

6
성공적인 관계를
위한 비법

3
관계에 내가
기여하는 것

4
관계에 상대가
기여하는 것

카드 세 장으로 앞일을 예측하는 리딩

카드 세 장을 이용하면 역동적이고 이미 진행 중인 상황에 대해 알아볼 수 있다. 숫자 3이 가진 상징이 묻고자 하는 주제와 정렬을 이루어 리딩에 더욱 힘을 실어주게 된다.

기운과 창조성의 숫자인 3은 시작과 중간, 끝이라는 이야기의 주요 요소를 나타낸다. 타로에서는 세 장의 카드를 이용한 리딩을 '과거, 현재, 미래'라고 부른다. 1번 카드는 과거(시작)를 되짚어주고, 2번 카드는 현재의 상황(중간 부분)을 드러내며, 3번 카드는 미래(끝)를 보여준다. 여기에서 '예측'하는 것은 현재의 영향을 고려했을 때 일어날 가장 가능성이 높은 결과이다.

모든 카드를 함께 섞으면서 "[주어진] 상황이 어떤 결과를 불러올까?" 등 묻고자 하는 질문을 던진다. 이제 카드 세 장을 고르고(15쪽 참조), 다음과 같이 배열한다. 고른 카드는 한 장씩 해석하거나, 한꺼번에 모두 뒤집어 보아도 된다.

1
과거- 현재 상황의
기원

2
현재- 지금 벌어지고
있는 일

3
미래- 가장 가능성이
높은 결과

카드 세 장을 이용하는 또 다른 스프레드

각 카드의 위치에 시간의 흐름이 아닌 다른 주제를 선정하는 방법도 있다.

예를 들어 관계나 창의적인 모험의 양상을 알아보고자 하면

다음과 같은 주제를 선정한다.

몸, 마음, 정신

문제, 어려움, 조언

관계, 상대의 마음, 나의 마음

돈, 커리어, 삶의 목적

연애, 일, 돈

긍정적인 면, 부정적인 면, 해결책

외적 자아, 내적 자아, 상위 자아

아이디어, 초점, 표현

카드 네 장으로 하는 성찰의 리딩

4는 안정성의 숫자이기 때문에 네 장의 카드를 이용하는 리딩은 나 자신에 대한 성찰이나 사색에 더없이 알맞다. 성찰은 오직 안정적인 위치에서만 가능하기에 카드의 수를 4로 맞추면 리딩의 목적이 더욱 강화된다. 1번 카드는 주제를 나타내어 리딩 전체를 다스리고, 2번과 3번, 4번 카드는 현재와 미래의 문제를 나타낸다. 이 리딩은 이 순간과 지금의 영향에 대해 숙고하도록 도움을 주어 현재와 (앞으로 하루나 이틀 등) 가까운 미래를 보여준다.

이 스프레드는 오직 나만을 위한 것이므로 리딩을 진행하면서 생각을 입 밖으로 소리 내어 말하면 더욱 좋다. 이렇게 하면 리딩이 활기를 띠게 되고, 해석에 더욱 전념할 수 있게 된다. 특히 카드를 해석할 때 망설이거나 지나치게 생각을 하는 편이라면 입 밖으로 소리 내어 말하는 행동이 차단기처럼 작용해 리딩이 잘 흘러가도록 도와준다.

카드를 섞으면서 "오늘 내가 유념해야 할 것은 무엇일까?" 등 묻고자 하는 질문을 던진다. 이제 카드를 고르고(15쪽 참조), 다음 쪽의 그림과 같이 배열한다. 먼저 2번과 3번, 4번 카드를 뒤집어 해석하고, 마지막으로 1번 카드를 살펴본다. 1번 카드에 비추어 앞서 했던 해석을 다시 짚어보고, 카드들이 서로 어떻게 연관되는지 생각해 볼 수 있다.

성찰의 리딩

1
현재와 앞으로 며칠 동안의
나에 대한 주제

2   3   4

현재와 앞으로 며칠 동안의 나에 관한 주요 사항

카드 다섯 장으로
어려움과 진실을 알아보는 리딩

모든 타로 리딩이 진실을 밝혀낸다고 할 수 있지만, 특히 카드 다섯 장을 사용하는 스프레드는 현재 내가 마주하고 있는 어려움을 나타낸다. 5는 전통적으로 인류의 숫자로 여겨졌다. 다섯 장의 카드를 이용하면 더 넓은 세계에서 어떤 일이 벌어지고 있고, 사람들과 외부의 문제가 내 삶에 어떤 영향을 미치는지 알아볼 수 있다. 마이너 아르카나의 5는 시험을 겪게 하여 진실과 의미를 찾아내도록 우리를 몰아가는 두려운 상황 등을 나타낸다. 소드 5 카드는 굴욕과 파멸을 상징하고, 컵 5 카드는 상실로 인한 슬픔과 비탄을 나타내며, 완드 5 카드는 힘과 가치의 시험을, 펜타클 5 카드는 빈곤과 거부에 대한 두려움을 보여준다. 사람들은 이러한 상황을 당연히 방지하고 싶어 하며, 피할 수 없다면 이런 일이 일어나게 된 이유라도 알고자 한다. 그러나 숫자 5가 완벽과 영적인 삶(V 카드의 교황은 신의 말씀을 전한다)과도 연관이 있다는 사실을 기억해야 한다. 따라서 내가 마주한 어려움은 영적 성장을 위한 기회이기도 하다.

여기에서 소개하는 두 가지 스프레드는 모두 다섯 장의 카드를 이용한다. '무슨 일이 벌어지고 있지?' 스프레드는 외부의 영향과 그로 인한 결과를 보여주고 조언 카드(5)로 인도를 내어준다. '진실의 십자가' 스프레드는 나와 나의 욕망에 초점을 둔다. 두 가지 중에서 알아보고자 하는 상황과 가장 잘 맞는 스프레드를 선택하면 된다.

카드를 섞으면서 "[주어진 상황 또는 인물]에게 어떤 일이 벌어지고 있지?"라고 묻는다. 그다음에 카드를 고르고(15쪽 참조), 선택한 스프레드에 따라 배열한다. 모든 카드를 앞면이 아래를 향하도록 내려놓은 다음 한꺼번에 뒤집어 해석한다.

✳

팁: 진실의 십자가 스프레드에서 결과 카드가 다른 카드의 해석에 영향을 미칠까 고민이 된다면 다른 카드의 리딩을 모두 마친 뒤에 결과 카드를 뒤집으면 된다.

무슨 일이 벌어지고 있지?

1
현재 상황

2
진행 상황- 내가 모르게
벌어지고 있는 일

5
성장- 이 경험으로 내가
얻을 수 있는 것

4
이 사람이 취할 만한
행동, 혹은 상황이
어떻게 전개될지

3
이 상황이 벌어지게
된 더 근원적인 이유

진실의 십자가

5
가장 가능성 높은 결과

4
나와 부딪히거나
가로막는 것- 불리한 점

2
내가 원하거나
가장 욕망하는 것

3
내게 도움이 되는 것-
유리한 점

1
현재 상황

여섯과 일곱:
카드를 세서 빠른 직관 얻기

'온통 6과 7이야All at sixes and sevens'라는 표현을 아는가? 산만하고 뒤죽박죽이며 혼란스럽다는 뜻의 관용구이다. 6은 조화를, 7은 위험과 잠재력, 수수께끼를 의미한다. 따라서 6과 7이 함께 있으면 불안한 상태를 나타내는 것이다.

이 리딩에서는 스프레드와 카드의 위치라는 개념이 나타나기 전에 점술에 쓰였던 카드 세기 테크닉을 이용한다. 숫자 6과 7을 이용하는 즉각적인 리딩의 방식으로, 펜타클 2 카드의 앞뒤로 여섯 번째와 일곱 번째에 자리한 카드를 살피는 것이다. 펜타클 2를 기준으로 삼는 이유는 선택과 결정을 내리는 과정에서 발생하는 긴장을 상징하는 카드이기 때문이지만, 내 기분을 잘 설명하는 다른 카드를 골라도 된다.

이 리딩에 있어 흥미로운 점은 질문을 할 필요가 없다는 것이다. 카드가 내가 알아야 할 것을 정확히 알려주고, '온통 6과 7인' 혼란스러운 감정에서 벗어날 수 있는 결정을 향해 이끌어준다.

먼저 덱을 섞고 카드의 앞면을 살펴서 펜타클 2를 찾아낸다. 리딩 내내 그 자리에 그대로 두어야 하므로 카드를 덱에서 꺼내지는 않는다. 이제 펜타클 2의 뒤로 여섯 번째와 일곱 번째 카드를 찾아 앞에 내려두고, 다시 펜타클 2로 돌아가 이번에는 앞으로 여섯 번째와 일곱 번째 카드를 세어서 마찬가지로 내려놓는다. 뽑아낸 카드의 의미를 해석하고, 덱을 다시 모아서 카드의 앞면이 아래를 향하도록 잡은 뒤에 맨 밑에 있는 카드를 꺼낸다. 이 카드가 다음에 해야 할 일에 대한 조언을 줄 것이다.

직관을 위한 6과 7

과거 6 및 7: 현재 상황의 원인   **미래 6 및 7:** 미래에 대해 알아야 할 것

덱 맨 밑의 카드: 조언

팁: 펜타클 2 카드가 덱의 맨 위나 아래에 가까이 있는 경우에는 덱을 한 바퀴 돌아서 계속 세어나가면 된다. 펜타클 2가 꼭대기에 자리하도록 카드를 동그라미 형태로 늘어놓으면 왼쪽과 오른쪽으로 수를 세어서 여섯 번째와 일곱 번째 카드를 헷갈리지 않고 골라낼 수 있다. 만약 조언 카드로 펜타클 2 카드가 나왔다면 문제가 해결되기까지 시일이 걸릴 것이라는 뜻이므로 이틀 뒤에 리딩을 다시 시도한다.

카드 여덟 장으로 결정을 내리는 리딩

8은 변화와 재생, 흐르는 기운의 숫자이다. 이 스프레드는 각 선택지를 나타내도록 카드를 배열해 득과 실을 따져봄으로써 내게 가장 필요한 변화가 무엇인지 알아보는 데에 도움이 된다. 각 선택지의 마지막 카드는 이 선택지를 골랐을 때에 얻게 될 가장 가능성 높은 결과를 보여준다.

첫 번째 선택지에 집중하면서 카드를 섞는다. 직장에서 현재의 역할에 머물러야 할지나, 돈을 써야 할지, 새로 사귄 친구를 믿을 수 있는지, 새로운 일을 시작해도 좋을지 등을 떠올리는 것이다. 준비가 됐다면 카드 네 장을 골라서(15쪽 참조) 선택지 1 아래에 왼쪽에서 오른쪽을 향해 배열한다. 이제 고려하고 있는 두 번째 선택지에 대해 물으면서 나머지 카드를 섞고, 선택지 2 아래에 카드 네 장을 배열한다.

카드를 해석할 때에 같은 번호의 카드를 함께 살피면 장점과 단점을 더욱 쉽게 비교해 볼 수 있다.

어느 길이 내게 옳은 길일까?

선택지 1

1	2	3	4
이 선택지에 대한 나의 감정	불리한 점이나 방해물	유리한 점이나 장점	이 선택지를 골랐을 때 얻을 수 있는 결과

선택지 2

1	2	3	4
이 선택지에 대한 나의 감정	불리한 점이나 방해물	유리한 점이나 장점	이 선택지를 골랐을 때 얻을 수 있는 결과

카드 아홉 장으로 인생의 교훈을 얻는 리딩

9는 세 개의 3으로 이루어졌다. 3은 역동적이고 창조적인 숫자이므로 3의 세 배는 일이 해결되기 직전의 격렬함을 상징한다. 타로에서 9는 나아가기에 앞서 잠시 멈추라는 의미를 나타낸다. 그동안의 경험을 통합하여 교훈을 얻는 지점인 것이다.

이 스프레드는 새로운 일을 막 시작하려 할 때 시도해 보기 좋다. 여덟 장 스프레드 (120~121쪽 참조)에서 알아본 변화를 일으켰으니 이제 그 변화가 미래에 어떤 일을 불러올지 궁금해서 기대감이 들 때 해봐도 좋다.

내가 알고 싶은 일에 대해 질문하면서 카드를 섞는다. 예를 들면 "앞으로 나아가기 전에 내가 얻은 교훈이나 얻어야 할 교훈은 무엇일까?"라고 묻는 것이다.

카드 아홉 장을 고르고(15쪽 참조), 카드의 앞면이 아래를 향하도록, 한 줄에 세 장씩 세 줄로 배열한다. 완성한 스프레드를 수직으로 늘어선 세 개의 행으로 보면서 각 행에서 한 장의 카드를 직감적으로 골라낸다. 골라낸 카드 세 장을 뒤집지 말고 스프레드 아래쪽으로 옮겨 한 줄로 나란히 늘어놓는다. 이제 카드를 뒤집어서 해석한다.

리딩을 진행해 나가면서 이 과정을 두 번 더 반복하여 카드를 총 세 개의 줄로 늘어놓을 수 있다. 두 번째 줄은 관계나 사회에 내가 기여한 것이 무엇인지를 드러내고, 세 번째 줄은 내가 얻을 수 있는 것이 무엇인지 보여준다.

각 행에서 카드를 한 장씩 골라서 함께 해석할 카드 한 줄을 만드는 것이다.

인생 교훈

일러스트에서 볼 수 있듯이 예시로 살펴볼 리딩에서 각 행으로부터 고른 세 장의 카드는
XI 정의와 펜타클 10, 완드 4이다. 제나라는 여성의 연애운을 알아보고자 한 이 리딩에서
중요한 가치로 보여진 것은 정의였다. 과거에 그녀는 부당한 대우를 받았고, 그 뒤로 내내
자신의 가치에 주력해 왔다. 펜타클 10 카드는 사랑의 언약과 자원의 공유를 암시하는데,
제나는 이제 막 새로운 파트너와 동업을 시작한 상태였다. 미래 위치에 놓인 완드 4 카드는
축하와 자유, 행복 등 얻은 교훈에 대한 보상을 나타낸다.

왼쪽 카드:	중앙 카드:	오른쪽 카드:
현재 나에게 영향을	지금 이 순간 내 삶에	미래의 영향
미치는 과거의 중요한	서 변화하고 있는 것	
사건이나 교훈, 영향		

1   2   3

4   5   6

7   8   9

7   8   3

카드 열 장으로
무엇이든 알아볼 수 있는 스프레드

10은 완성과 해결의 숫자이다. 질문에 대한 상세한 답을 알고 싶을 때는 물론 그저 현재의 상황을 개괄적으로 보고자 할 때에도 열 장의 카드를 사용하는 켈틱 크로스 스프레드를 활용할 수 있다. 여기에서는 세 가지 버전의 크로스를 살펴볼 것이므로 이들 가운데 가장 마음이 가는 한 가지를 선택하면 된다.

켈틱 크로스는 내부와 외부의 여러 영향을 상징하는 열 장의 카드를 한데 모아서 전체적인 그림을 보여준다. 과거의 일과 리딩의 이유, 당장 눈앞에 둔 고민과 어려움, 나의 주변 환경, 내가 어떻게 인식되고 있는지, 나의 희망과 두려움, 그리고 궁극적 결과를 이 스프레드로 알아볼 수 있다. 전문적으로 리딩을 하는 이들이 내담자의 삶에 어떤 일이 벌어지고 있는지 알아보기 위해 가장 먼저 사용하는 스프레드이며, 그 뒤에 스프레드의 한 가지 측면에 초점을 맞추고 카드를 더 배열하여 더 상세한 내용을 살펴보곤 한다.

먼저 질문을 던지면서 카드를 섞는다. 카드를 고르고(15쪽 참조), 카드의 앞면이 아래를 향하도록 하여 다음 쪽의 그림에 나온 순서대로 배열한다. 이제 카드의 위치에 따라 한 장씩 해석해 나간다.

켈틱 크로스

1. 현재의 상황

2. 내게 방해나 도움이 되는 것

3. 현재 내가 기대할 수 있는 최선

4. 내 주변의 숨겨진 요인(리딩의 이유를 보여주기도 한다)

5. 현재에 영향을 끼치고 있는 과거의 사건

6. 내가 다음으로 해야 할 일

7. 내가 보는 나의 모습, 내가 할 수 있는 일

8. 나의 주변 환경

9. 나의 희망과 두려움

10. 결과

켈틱 크로스

켈틱 크로스: 변형된 레이아웃

몇몇 타로 리더들은 3번과 4번, 5번의 위치를 달리하여 카드를 시계 방향으로 배열한다 (127쪽 참조). 6번부터 10번까지는 본래 스프레드와 동일하다.

변형된 켈틱 크로스 레이아웃

1. 현재의 상황
2. 내게 방해나 도움이 되는 것
3. 내 주변의 숨겨진 요인(리딩의 이유를 보여주기도 한다)
4. 현재에 영향을 끼치고 있는 과거의 사건
5. 현재 내가 기대할 수 있는 최선
6. 내가 다음으로 해야 할 일
7. 내가 보는 나의 모습, 내가 할 수 있는 일
8. 나의 주변 환경
9. 나의 희망과 두려움
10. 결과

역사 속의 크로스: A.E. 웨이트

오컬티스트 A.E. 웨이트(7쪽 및 9쪽 참조)가 1910년에 발간한 저서《그림과 함께 보는 타로의 해설A Pictorial Key to Tarot》에서 '고대 켈트족의 점술법'이라고 소개한 스프레드이다. 웨이트의 크로스에는 열 장의 카드와 한 장의 시그니피케이터가 쓰인다.

카드의 앞면을 살펴보면서 나, 혹은 나의 상황을 가장 잘 나타내는 카드를 골라 시그니피케이터로 삼는다. 고른 카드의 앞면이 위를 향하도록 하여 중앙에 둔다. 그다음에 질문을 던지면서 나머지 카드를 섞고, 열 장을 고른다(15쪽 참조). 1번 카드의 앞면이 아래를 향하도록 하여 시그니피케이터가 가려지도록 위에 올리고, "이것이 나를 감싼다."라고 말한다. 2번 카드를 1번 카드 위에 가로로 올리고, "이것이 나를 방해한다."라고 말한다. 3번 카드를 내려놓은 뒤에 "이것이 나를 승자로 만든다."라고 말하고, 4번 카드를 내려놓은 뒤에는 "이것이 내 아래에 있다."라고 말한다. 시그니피케이터 카드에 인물이 그려져 있는 경우에는 인물의 시선이 내 왼쪽을 향하고 있는지 확인한다. 왼쪽을 향하고 있다면 5번과 6번 카드의 위치를 바꾸어 인물이 미래를 바라보도록 한다. 인물이 그려져 있지 않은 카드의 경우에는 아래의 순서를 그대로 따르면 된다. 5번 카드를 내려놓으면서 "이것이 내 뒤에 있다."라고 말하고, 6번 카드를 놓으면서는 "이것이 내 앞에 있다."라고 말한다.

웨이트의 켈틱 크로스

S. 시그니피케이터- 나, 혹은 나의 상황.

1. 나를 감싸는 것. 나 혹은 나의 상황에 영향을 미치는 것.

2. 나를 방해하는 것. 장애물. 이 위치에 긍정적인 카드가 나왔다면 심각한 장애물은 없으리라는 의미이다.

3. 나를 승자로 만드는 것. 현재 상황에서 얻어낼 수 있는 최선. 내게 이상적인 결과.

4. 나의 아래에 있는 것. 상황의 토대. 실제로 있었던 일.

5. 나의 뒤에 있는 것. 과거의 영향.

6. 나의 앞에 있는 것. 미래의 영향.

7. 나의 위치 혹은 태도.

8. 외부의 영향- 가정, 일, 친구 등.

9. 나의 희망과 두려움.

10. 결과- 앞의 카드들로 밝혀진 영향의 결산.

웨이트의 켈틱 크로스

시그니피케이터 카드 속의 인물은 반드시 미래(6번 카드)를 바라보아야 한다. 인물이 내 왼쪽을 바라보는 카드를 시그니피케이터로 골랐다면 5번과 6번 카드의 위치를 서로 바꾸어서 왼쪽의 카드가 미래를, 오른쪽의 카드가 과거를 나타내도록 한다.

퀸테센스 찾기

퀸테센스Quintesence(정수)는 공기, 물, 불, 흙의 네 원소를 종합한 다섯 번째 원소라고도 한다. 타로 리딩에서 퀸테센스는 리딩의 정신을 담은 메이저 아르카나 카드이며, 이를 찾으려면 스프레드에 있는 카드의 숫자를 모두 더하고 그 숫자를 21보다 작은 수로 축소하기만 하면 된다.

메이저 아르카나는 카드에 보이는 숫자를 사용한다. 마이너 아르카나 또한 카드에 적힌 숫자를 사용하며, 에이스는 1로 본다. 코트카드의 경우에는 두 가지 방법이 있다. 전통적으로는 이들 카드는 제외하지만, 몇몇 타로 리더들은 페이지는 11, 나이트는 12, 퀸은 13, 킹은 14로 각 카드에 숫자를 부여한다(82쪽 참조).

카드에 숫자를 매길 방법을 결정했다면 이제 모든 숫자를 더할 차례다. 131쪽에 실린 예시는 켈틱 크로스 스프레드로, 스프레드 속 카드의 합을 셈하는 방법을 보여준다. 여기에서는 코트카드를 셈에 포함하지 않았다.

켈틱 크로스 스프레드에서 시그니피케이터를 사용했다면(15쪽 참조) 시그니피케이터 카드의 숫자도 더해야 한다.

두 번째 퀸테센스 찾기

메이저 아르카나의 모든 카드는 숫자로 연계되어 의미가 서로 투영되는 카드를 한두 장씩 가지고 있다(34쪽 참조). 따라서 퀸테센스가 VIII 힘 카드를 가리키는 8이라면, 축소수가 8이 되는 XVII 별 카드 또한 기억하자. 힘 카드와 별 카드를 꺼내 함께 해석하여 리딩을 더욱 깊이 있게 해낼 수 있다. 두 카드의 공통점과 차이점을 찾아본다. 이 경우에는 두 카드에 모두 젊은 여인이 등장한다는 점이 같지만, 힘 카드의 여인은 옷을 입었고 별 카드의 여인은 옷을 입지 않았다. 따라서 이 두 카드는 여러 사람들이 볼 수 있는 외부에서의 내 행동과(힘을 드러내는 것) 스스로의 나약함을 받아들이는 방법에 대한 문제를 제시한다. 힘 카드는 (잠재적 위협을 우아하게 다루어낸다는) 단 하나의 목표를 가지며, 별 카드 속 여인은 무릎을 꿇은 상태이다. 여기에서 얻을 수 있는 메시지는 곧 내려놓기에 안전한 날이 온다는 것이다.

켈틱 크로스의 퀸테센스

3

10

5

2

1

6

9

4

8

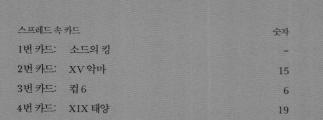

7

스프레드 속 카드	숫자
1번 카드: 소드의 킹	-
2번 카드: XV 악마	15
3번 카드: 컵 6	6
4번 카드: XIX 태양	19
5번 카드: 완드 2	2
6번 카드: 소드의 에이스	1
7번 카드: 펜타클 3	3
8번 카드: XIV 절제	14
9번 카드: 컵의 나이트	-
10번 카드: 소드 7	7
총합:	67

6과 7을 더하면 13, 퀸테센스 카드: XIII 죽음

이 리딩에서의 퀸테센스 카드는 변형의 카드인 죽음이다.

상급 테크닉: 숫자를 이용해 마이너를 메이저로 바꾸기

1장(20~29쪽)에서 살펴보았듯이 메이저 아르카나의 카드들은 숫자로 분류할 수 있다. 여기에서는 메이저 아르카나와 마이너 아르카나의 카드들을 숫자나 유형에 따라 분류하고, 같은 그룹 내의 카드들을 전체적으로 읽는 방법을 알아볼 것이다. 이 방법을 알면 리딩에서 모든 마이너 아르카나 카드를 메이저 아르카나 카드로 즉각 치환하여 해석할 수 있다.

마이너 아르카나를 메이저 아르카나로 바꾸어 보는 테크닉은 메이저 아르카나에 대한 지식은 어느 정도 가지고 있으나 마이너 아르카나만으로 이루어진 스프레드를 대하면 당황하고 마는 사람에게 특히 유용하다. (아래의 표에 따라) 해석할 마이너 아르카나와 연결된 메이저 아르카나 카드를 뽑아서 보기만 하면 금세 다시 리딩의 흐름을 이어갈 수 있다.

마법사가 모든 에이스를, 여황제가 퀸을, 황제가 킹을 다스린다는 사실은 이미 알고 있을지도 모른다. 다음은 필자가 제시하는 마이너 아르카나 카드의 연계이다.

한눈에 보는 마이너 아르카나 카드의 연계

에이스·········바보, 마법사

2············연인

3············정의

4············매달린 사람

5············악마

6············세계

7············절제

8············힘

9············운명의 수레바퀴

10············죽음

페이지·········태양

나이트·········전차

퀸············여황제

킹············황제

팁: 이 체계에서 메이저 아르카나의 여사제와 교황, 은둔자, 탑, 별, 달, 심판 카드는 마이너 아르카나와 연계되지 않는다. 하지만 이들 카드가 포함되는 나만의 표를 만드는 것도 괜찮다.

퀸과 킹: 여황제와 황제의 면모

퀸 카드는 공감 능력이 뛰어난 사람(컵)이자, 자연을 사랑하는 실용주의자(펜타클), 역동적인 창조자이자 지도자(완드), 자주적인 사상가(소드)라는 어머니의 원형인 여황제의 네 가지 성격적 면모를 나타낸다. 이들 카드는 또한 시각적인 요소들로 교묘히 서로 연결된다. 컵의 퀸의 땋은 머리카락은 여황제가 쓴 월계관과 닮았다. 소드의 퀸의 팔찌에서 달랑이는 술 장식은 여황제가 기대고 앉은 쿠션에도 달려있다. 펜타클의 퀸의 장미는 여황제의 드레스에 수놓였고, 완드의 퀸의 해바라기와 완드는 여황제 카드의 우거진 풍경과 같이 성장을 상징한다.

퀸과 마찬가지로 킹 또한 질서와 구조의 상징인 황제의 네 가지 면모를 나타낸다. 컵의 킹은 스스로의 감정을 다스리는 황제의 능력과 관련되고, 소드의 킹은 황제의 지성과 권능이다. 펜타클의 킹은 지배와 힘을 상징한다. (또한 소드의 킹과 황제는 모두 갑옷을 입었기에 스스로의 신념을 위해 싸움도 불사할 의지를 상징하기도 한다.) 완드의 킹은 황제의 모험심과 카리스마, 소통 능력을 나타낸다.

페이지와 나이트, 퀸, 킹은 어떤 사람이든 나타낼 수 있으며, 카드 속 인물과 같은 성별의 사람으로 제한하여 해석할 필요가 없다는 사실을 기억하자. 또한 코트카트가 사람이 아닌 상황을 나타낼 수도 있다(2장 참조).

카발라:
생명의 나무 경로와 메이저 아르카나

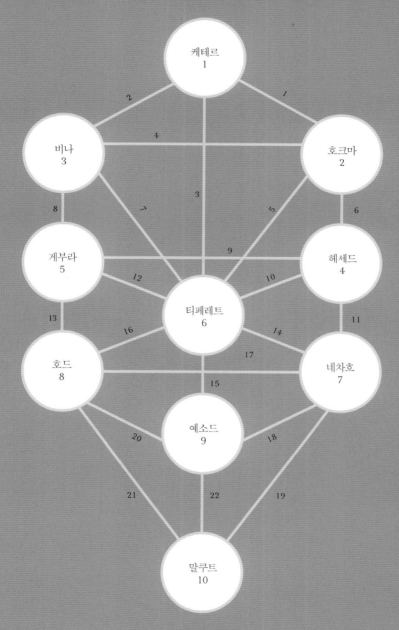

22개의 경로와 10개의 세피로트로 이루어진 생명의 나무는 창조의 지도이자 세계와 우리 사이의 관계를 나타내는 지도이기도 하다. 각 세피라(세피로트의 단수형)는 우리 삶의 여정에서의 의식 단계를 나타낸다.

부록 II:
카드 의미 사전

메이저 아르카나

0
바보
정방향 의미: 신뢰, 위험, 꿈, 모험.
새로운 길이나 기회. 초보자가 됨.
역방향 의미: 이상주의, 충동. 계획을 세워야 함.

I
마법사
정방향 의미: 행동, 창의력, 개시, 마법을 일으킴.
소통, 여행, 좋은 소식
역방향 의미: 오해를 받음, 거짓된 모습. 창작의 벽, 지연.

II
여사제
정방향 의미: 직감, 영성, 비밀, 신중함, 지혜.
심령술사와 멘토의 카드.
역방향 의미: 그릇된 스승 혹은 지시. 서투른 충고.

III
여황제
정방향 의미: 창의력, 풍요, 생식력, 모성, 육아. 개인적 및 재정적 성장. 연애 상대를
나타낼 수 있음.
역방향 의미: 재정 문제, 혼선, 생식력 및 창작 문제.

IV
황제
정방향 의미: 야망, 구조, 경계, 전통, 부성. 격변 이후에 정돈된 상태로 돌아감. 연애
상대를 나타낼 수 있음.
역방향 의미: 괴롭힘, 완고함, 무능력.

V
교황
정방향 의미: 상승. 교육, 개인적 발전,
자기유대감 및 자기일체감. 결혼.
역방향 의미: 권력의 남용, 권위적 인물과의 문제.

VI
연인
정방향 의미: 사랑과 선택, 관계에 전념함. 더 넓게는 장기적 결정.
역방향 의미: 서투른 선택, 불평등. 관계에 대한 실망.

VII
전차

정방향 의미: 진척, 결의, 여정.
새로운 기운과 추진력, 과정에서의 균형이 필요함. 새 자동차.
역방향 의미: 일이나 여행 계획이 지연됨. 이기주의.

VIII
힘

정방향 의미: 인내, 인고, 압박에 굴하지 않는 우아함. 웰빙과 건강.
역방향 의미: 꼭 필요한 충돌을 피함. 짓밟힌 느낌.

IX
은둔자

정방향 의미: 성찰, 생산적인 고독, (특히 비전 지식에 대한) 지혜.
트라우마를 치유함. 평화를 추구함.
역방향 의미: 외로움, 강요된 고독.

X
운명의
수레바퀴

정방향 의미: 행운, 긍정적이고 발전적인 단계. 과거의 문제가 해결됨. 심령술의 상징
이기도 함.
역방향 의미: 연이은 불행의 끝.

XI
정의

정방향 의미: 법적 문제. (내가 공정히 행동했다는 전제하에) 내게 유리한 결정. 더 넓게
는 균형의 회복.
역방향 의미: 오심, 불공정함.

XII
매달린 사람

정방향 의미: 기다림, 불확실한 상태, 일의 지연이 상황에 대한 새로운 관점을 가져
옴. 꼭 필요한 타협.
역방향 의미: 순진함, 회피. 과거에 살고 있음.

XIII
죽음

정방향 의미: 끝, 변화, 시작을 위해 길을 터줌.
내면 차원에서 옛 자아의 죽음.
역방향 의미: 놓지 않으려 함. 변화를 거부함.

XIV
절제

정방향 의미: 연금술. 균형을 유지하기 위한 올바른 공식을 찾음.
자원을 신중히 관리해야 함. 더 높은 선을 이루기 위한 수고.
역방향 의미: 다른 사람들의 요구로 인한 압박. 이해의 충돌.

XV
악마

정방향 의미: 제약, 중독, 정욕, 불륜.
내게 도움이 되지 않는 협약. 통제 당하는 느낌.
역방향 의미: 죄책감, 집착, 나약함.

XVI 탑	정방향 의미: 실패, 상실, 깨달음, 진실. 불가항력. 새로 지을 기회로서의 파괴. 역방향 의미: 나 자신이나 다른 사람들을 탓하지 않고는 트라우마를 감당하지 못함.
XVII 별	정방향 의미: 희망, 영감, 창의력, 영적 인도. 약함 속의 용기. 치유와 치유자의 상징이기도 함. 역방향 의미: 거짓된 안정감. 상실감.
XVIII 달	정방향 의미: 의심, 심오한 질문, 직감적 지혜. 꿈, 심령술. 역방향 의미: 묻혀있는 감정. 혹은 자기탐구 단계의 완료.
XIX 태양	정방향 의미: 낙관주의, 행복, 휴식, 휴가. 스프레드에서 주변 카드의 모든 부정적 의미를 없앰. 역방향 의미: 계획이 지연될 수는 있으나 그밖에는 모두 긍정적.
XX 심판	정방향 의미: 추억, 과거의 행동을 돌아봄, 두 번째 기회, 부활. 영매의 능력. 역방향 의미: 망설임, 후회. 오래된 패턴에서 벗어나지 못하는 느낌.
XXI 세계	정방향 의미: 성공, 완수, 보상, 축하. 확장, 여행, 새로운 지평. 역방향 의미: 위와 같으나 약간의 지연이 따름.

마이너 아르카나
컵 슈트
원소: 물, 마음의 영역 – 관계, 사랑, 감성, 상상.

컵의 에이스	정방향 의미: 사랑, 열정, 생식력, 임신, 시작. 역방향 의미: 거짓된 시작. 감정적 과부하.
컵 2	정방향 의미: 행복한 동반 관계, 영혼의 단짝, 화해, 평화. 역방향 의미: 동반 관계에 문제가 생김, 잠재적인 신뢰 문제.

컵 3 정방향 의미: 축하, 파티, 우정, 창의력, 탄생.
역방향 의미: 감정적 거리.

컵 4 정방향 의미: 권태, 자기방어, 영감이 필요함.
역방향 의미: 고집스러움, 닫힌 마음.

컵 5 정방향 의미: 상실과 슬픔, 앞을 보아야 함.
역방향 의미: 회복, 시험 단계의 끝.

컵 6 정방향 의미: 손님, 행복한 추억, 우정
역방향 의미: 과거에 살고 있음.

컵 7 정방향 의미: 실현되지 않은 가능성. 상상, 환상, 신비주의.
역방향 의미: 기만의 가능성. 증거나 정보가 필요함.

컵 8 정방향 의미: 변화, 자연스러운 끝, 여행.
역방향 의미: 타이밍이 좋지 않음, 뒤처진 기분.

컵 9 정방향 의미: 소원이 이루어짐. 너그러움, 풍요, 성공.
역방향 의미: 지나친 노력. 나르시시즘.

컵 10 정방향 의미: 기쁨, 가족의 유대, 아이가 거두는 성공, 번성, 새집.
역방향 의미: 위와 같으나 사소한 혼란이나 자극이 따름.

컵의 페이지 정방향 의미: 사교, 젊은 마음을 가짐, 사랑, 예술 프로젝트.
인물로서는 상상력이 풍부한 아이나 젊은이.
역방향 의미: 사회적 계획이 지연됨. 미성숙, 과도한 탐닉.

컵의 나이트 정방향 의미: 초대. 청혼, 로맨스, 새 친구.
인물로서는 꿈꾸는 이상주의자.
역방향 의미: 헌신적인 관계를 기피함. 헛된 약속.

컵의 퀸 정방향 의미: 친절, 사랑, 세심함, 머리보다 마음을 따름.
인물로서는 직감이 뛰어난 사람. 연애 상대나 어머니.
역방향 의미: 부당한 압박. 사소한 재정 문제.

컵의 킹   정방향 의미: 사랑, 너그러움, 지지.
              인물로서는 자신의 감정에 밝고 카리스마 있는 사람, 연애 상대나 아버지.
              역방향 의미: 감정적 어려움을 회피함.

펜타클 슈트
원소: 흙, 몸과 물질의 영역- 돈, 재산 및 소유물.

펜타클의   정방향 의미: 돈, 성공, 시작, 새집이나 일자리.
에이스   역방향 의미: 지연, 못 받은 돈. 물질주의.

펜타클 2   정방향 의미: 결정, 현금 흐름, 장소나 직업, 경로를 선택함.
              역방향 의미: 재정을 회피함. 오류.

펜타클 3   정방향 의미: 보람된 일, 감사, 재산 문제.
              역방향 의미: 헌신적인 관계를 기피함.

펜타클 4   정방향 의미: 질서와 안정. 돈을 단단히 움켜쥐고 있음.
              역방향 의미: 물질주의, 재산 관련 문제.

펜타클 5   정방향 의미: 가난이나 사회적 고립에 대한 두려움.
              역방향 의미: 가난 의식, 고통.

펜타클 6   정방향 의미: 너그러움, 선물을 받거나 줌.
              역방향 의미: 조건이 부당한 제안, 미상환 대출.

펜타클 7   정방향 의미: 꾸준한 노력을 통한 성공.
              역방향 의미: 너무 이르게 포기함, 목표에 대한 의심.

펜타클 8   정방향 의미: 돈과 인정. 시험을 잘 치름.
              역방향 의미: 감사하지 않음, 성취감이 없는 일.

펜타클 9   정방향 의미: 편안함과 집, 안정과 행복
              역방향 의미: 과소비, 균형의 결여.

펜타클 10	정방향 의미: 사랑, 풍요로운 결혼 생활, 새집 또는 두 번째 집. 역방향 의미: 오해. 돈에 관한 갈등.
펜타클의 페이지	정방향 의미: 새로운 기회, 여행, 교육, 새 직장. 인물로서는 열심히 노력한 어린이나 젊은이의 성공. 역방향 의미: 재정이나 재산과 관련한 문제나 지연.
펜타클의 나이트	정방향 의미: 주의, 헌신. 현명한 투자, 근로로 인한 경제적 안정. 인물로서는 의리 있고 믿을 수 있는 사람. 역방향 의미: 정체. 재정에 대한 서투른 조언.
펜타클의 퀸	정방향 의미: 부, 애정, 돌봄. 자연을 향한 사랑. 인물로서는 실용적인 도움을 주는 너그러운 여성. 역방향 의미: 재정 문제. 빚. 공감의 결여.
펜타클의 킹	정방향 의미: 번성, 보호. 인물로서는 다른 이들에게 힘을 주는 관대하고 충실한 사람. 역방향 의미: 신뢰의 결여, 욕심.

소드 슈트
원소: 공기, 정신의 영역- 결정, 고난 및 갈등.

소드의 에이스	정방향 의미: 명료성. 돌파구, 성공 역방향 의미: 달갑지 않은 결과. 잠재적으로는 신뢰의 문제.
소드 2	정방향 의미: 휴전 또는 막간, 결정을 내리기 전에 잠시 멈춤. 역방향 의미: 회피, 미루기.
소드 3	정방향 의미: 슬픔, 스트레스, 배신, 불충, 진실을 봄. 역방향 의미: 받아들임, 치유
소드 4	정방향 의미: 중단. 질병이나 불안에서 회복됨. 역방향 의미: 현재의 상황과 화해해야 함.

소드 5	정방향 의미: 상실, 스트레스가 많은 갈등, 물러나야 함. 역방향 의미: 괴롭힘, 강압받은 느낌.
소드 6	정방향 의미: 갈등 이후에 평화를 되찾음. 여정. 역방향 의미: 위와 같으나 진행이 느림, 여정의 지연.
소드 7	정방향 의미: 도난, 법적 문제, 보호와 독창성의 필요. 역방향 의미: 피해자, 용기와 조언의 필요.
소드 8	정방향 의미: 제약, 부정적 인식. 역방향 의미: 위와 같으나 죄책감, 수치심 등 강렬한 감정이 따름.
소드 9	정방향 의미: 불안, 과도한 생각, 불면증. 역방향 의미: 스스로가 연약하거나 혼자라는 느낌.
소드 10	정방향 의미: 갑작스럽고 확정적인 결말. 역방향 의미: 위와 같으나 고조된 감정적 반응이 따름.
소드의 페이지	정방향 의미: 경계. 세부 사항, 서류 작업, 정보. 인물로서는 야망 있고 정확한 어린아이나 젊은이. 역방향 의미: 오해를 받음, 험담.
소드의 나이트	정방향 의미: 대립, 분쟁. 인물로서는 자극을 갈망하고 투지가 넘치는 사람. 역방향 의미: 극적인 사건, 무모함.
소드의 퀸	정방향 의미: 본능, 지능. 인물로서는 사업가 등 독립적인 여성, 미혼 여성, 한부모. 역방향 의미: 비이성적인 행동.
소드의 킹	정방향 의미: 결정, 법적 문제, 논리. 인물로서는 자신의 권위를 확고히 해야 하는 의사 결정자. 역방향 의미: 냉담함, 억압.

색인